선생님!
오늘 입으신 옷이
참 잘 어울리시네요

선생님! 오늘 입으신 옷이 참 잘 어울리시네요

초판 1쇄 발행 2023년 11월 20일

지은이 신윤호, 박은희, 김연경, 강호성, 송유빈
펴낸이 장길수
펴낸곳 지식과감성#
출판등록 제2012-000081호

교정 주경민
디자인 이현
편집 김초롱
검수 김서아
마케팅 김윤길, 정은혜

주소 서울시 금천구 벚꽃로298 대륭포스트타워6차 1212호
전화 070-4651-3730~4
팩스 070-4325-7006
이메일 ksbookup@naver.com
홈페이지 www.knsbookup.com

ISBN 979-11-392-1406-2(03370)
값 16,700원

- 이 책의 판권은 지은이에게 있습니다.
- 이 책 내용의 전부 또는 일부를 재사용하려면 반드시 지은이의 서면 동의를 받아야 합니다.
- 잘못된 책은 구입하신 곳에서 바꾸어 드립니다.

지식과감성#
홈페이지 바로가기

이 도서는 충청북도교육도서관의
교직원 책 출판 지원 프로그램 지원금을 받아 제작되었습니다.

프롤로그

언제 어디서든 할 말은 할 줄 아는
특수교육대상학생들이 되길 바라며

"선생님! 오늘 입으신 옷이 참 잘 어울리시네요."

책의 제목이기도 한 이 말은 제가 처음 발령받았던 학교에서 특수교육대상학생으로부터 들은 아침 인사말이었습니다. 저는 이 말을 들었던 순간을 아직도 잊을 수가 없습니다. 왜냐하면, 매일 "안녕하세요."라고 단순하고 형식적인 인사만 하던 학생이 처음으로 저에게 칭찬을 곁들인 인사를 건넸던 순간이었기 때문입니다. 누구라도 아침에 이런 칭찬을 듣게 된다면 기분이 정말 좋지 않을까요? 학생이 저에게 건네준 그 말은 월요병이 싹 사라지도록 해 주고 학생을 정말 사랑스럽게 보이도록 만들어 주는 마법 같은 말이었습니다. 그 학생은 평소에 하지 않던 말을 왜 갑자기 저에게 건넸던 것일까요.

사실, 옷이 잘 어울린다는 그 말은 학생이 자발적으로 했던 것이 아니라 저와의 약속을 지킨 것이었습니다. 어느 날 문득, 우리 학생들이 아침에 누군가를 만났을 때 형식적인 인사만 하는 것이 아니라 다양한 인사말들을 할 수 있으면 참 좋겠다는 생각이 들었습니다. 그래서 저는 학생들에게 아침에 선생님을 만나면 어떤 말들을 하면 좋을지 여러 가지 상황과 그에 적절한 인사말들을 알려 주고 그중에서 마음에 드는 것들을 골라서 말해 보도록 가르쳐 주었습니다. 결국 제가 들었던 말은 엎드려 절받기였지만, 학생이 저에게 건넨 칭찬은 효과가 강력했습니다. 매일 반복되는 일상적인 인사만 받다가 칭찬을 곁들인 센스 있는 인사를 받아 보니 기분이 이상하면서도 정말 좋았습니다. 비록 진심은 아닐지라도 제가 가르치는 특수교육대상학생이 상대방의 기분을 좋게 해 주는 문장을 구사할 수 있음에 기뻤습니다.

저처럼 특수교육대상학생들에게 들었던 따뜻한 말 한마디가 기억에 오랫동안 남아 있는 경험이 있으신가요? 아마 쉽게 대답하지 못하시는 분들이 많으리라 생각합니다. 언뜻 생각해 보아도 특수교육대상학생들이 교사에게 센스 있는 말을 건네는 상황이 머릿속에 쉽게 잘 그려지지 않을 것입니다. 그 이유는 많은 특수교육대상학생들이 의사소통에 어려움을 겪고 있어서 상황과 맥락에 적절한 말을 하기가 쉽지 않기 때문일 것입니다. 그렇다고 특수교육대상학생들이 타인에게 상황에 직질한 멋진 한마디를 건네거나 자기 의사를 명확히 표현하는 일이 불가능하거나 어렵기만 한 일일까요? 아닙니다. 특수교육대상학생들도 얼마든지 연습한다면 말하기를 잘할 수 있습니다. 다만, 연습의 기회가 부족했을 뿐입니다.

특수교사로서 근무하며 특수교육대상학생들이 의사소통에 어려움을 겪는 여러 가지 상황들을 접한 적이 많았습니다. 그럴 때마다 '이런 상황에서는 이렇게 말하면 참 좋을 텐데….'라고 안타까운 마음이 들곤 하였습니다. 많은 특수교육대상학생들이 상황에 적절한 말하기를 하지 못해서 친구와의 갈등을 겪는다든지, 의사표현이 미숙하여 여러 가지 곤란한 상황에 부닥치는 경우도 생기곤 합니다. 통합교육이 잘 이뤄지지 않는 이유도 결국 의사소통이 잘 되지 않기 때문입니다. 저는 결국 학교 현장에서 특수교육대상학생들에게 무엇보다 중요한 것은 의사소통역량임을 느끼게 되었습니다. 친구들과의 교류, 선생님의 지시 사항 따르기, 자신의 의견 말하기, 경청하기 등 학교에서의 대부분의 생활이 의사소통을 기반으로 이루어지기 때문입니다.

미래사회에는 의사소통역량이 필수적입니다. 의사소통역량은 자신의 생각과 의견을 효율적으로 전달하고 다른 사람의 생각을 이해하는 능력이기 때문에 미래사회에서 요구하는 협업능력, 갈등해결능력, 문제해결능력의 기본적인 역량이 됩니다. 따라서 특수교육대상학생들의 의사소통역량을 향상시키는 것은 미래사회에 적응하기 위해 필수적이라고 할 수 있습니다. 학교에서 특수교육대상학생들이 의사소통역량을 키운다면 특수교육대상학생들은 자기 생각과 감정을 적극적으로 표현할 수 있고 이는 자신의 권리를 주장하거나 요구하는 것들을 실천할 수 있는 원동력이 됩니다. 더 나아가 타인과 긍정적이고 건강한 관계를 맺을 수 있게 되므로 사회적 일원으로 존중받으며 자신의 능력을 발휘할 수 있게 됩니다.

이 책은 특수교육대상학생들이 말하기 연습을 할 수 있도록 하루 한 시간, 총 7주 분량의 내용으로 구성하였습니다. 매일매일의 말하기 연습 내용은 첫째, 다양한 말하기 상황을 담은 대본, 둘째, 특수교사를 위한 말하기 지도의 팁, 마지막으로 학급에서 실천할 수 있는 여러 가지 의사소통 활동으로 구성되어 있습니다. 「대본을 보고 역할극을 해 봐요」 섹션으로 대본을 보고 번갈아 가며 따라 읽어 보거나 암기하여 역할극을 해 보세요. 학생들은 역할극으로 자연스럽게 맥락과 상황에 적절한 말하기 연습을 할 수 있습니다. 대본을 활용하여 말하기 연습을 할 때 감정을 담아 실감 나게 하면 더욱 재미있게 할 수 있고 학교의 상황, 학생의 흥미와 수준에 따라 대본을 적절히 수정하여 사용하시기 바랍니다. 역할극을 녹화하여 비디오 모델링을 적용해도 좋습니다. 「이렇게 지도해 보세요」 섹션에서는 현장의 특수교사가 특수교육대상학생의 말하기를 지도할 때 도움이 될 조언들과 대본과 연관하여 학생들이 할 수 있는 추가적인 예시를 함께 담았습니다. 「함께하면 더 좋은 의사소통 활동」은 말하기 연습을 즐겁게 할 수 있는 내용으로 구성하였습니다. 교실에서 쉽게 적용할 수 있도록 복잡하지 않고 간단하게 준비할 수 있는 활동들을 제시하였으니 방법과 내용을 그대로 적용하여 실천해 보거나 적절히 수정하여 활용하면 좋습니다.

특수교육대상학생들이 언제, 어디서든 할 말은 할 줄 아는 학생들이 되기를 바랍니다. 특수교육대상학생들이 때로는 상대방의 기분을 좋게 만들어 주는 말을, 위로가 필요한 순간에는 따뜻한 위로의 말을, 의견을 명확하게 표현해야 할 때는 적극적으로 말할 줄 아는 학생들이 되기를 바랍니다. 언제 어디서든 당당하게 말할 수 있는 학생이 되기를 기대합니다. 우리나라 속담에 "고기도 먹어 본 사람이 많이 먹는다."라는 말이 있듯이 말도 많이 할수록 늡니다. 특수교육대상학생들도 평소에 해 보지 못했던 말들을 어색하더라도 자꾸 해 보도록 지도해야 결국 말을 더욱 잘할 수 있게 됩니다. 말수가 적거나 의사표현을 잘하지 못하더라도 계속해서 연습의 기회를 주어야 합니다. 이 책으로 하루 한 시간씩 7주 동안 꾸준히 연습해 보세요! 이 책이 선생님의 교실을 즐겁고 행복한 대화로 가득한 공간으로 만드는 데 도움이 될 수 있기를 기대합니다.

대표 저자 **신윤호**

이 책이 선생님의 교실을
즐겁고 행복한 대화로 가득한 공간으로 만드는 데
도움이 될 수 있기를 기대합니다.

목차

프롤로그 4

WEEK 1 말하기 연습
- DAY 1 선생님! 오늘 입으신 옷이 참 잘 어울리시네요 14
- DAY 2 칭찬해 주셔서 감사합니다 선생님 덕분입니다 21
- DAY 3 덕분에 잘 도착했습니다 28
- DAY 4 선생님 결혼 축하드려요! 34
- DAY 5 오늘 수업 재미있었어요 39

WEEK 2 말하기 연습
- DAY 6 좋은 주말 보내세요 48
- DAY 7 미안해, 내 사과를 받아 줘! 53
- DAY 8 선생님을 위해 만들었어요 맛있게 드세요 59
- DAY 9 이거 같이 먹을래? 66
- DAY 10 잘 지냈어? 어떻게 지냈어? 73

WEEK 3 말하기 연습
- DAY 11 많이 힘들지? 괜찮아? 80
- DAY 12 많이 속상했겠다 85
- DAY 13 몸은 좀 어때? 89
- DAY 14 너무 걱정하지 마세요 별일 없으실 거예요 95
- DAY 15 안녕? 괜찮다면 같이 앉아도 될까? 103

WEEK 4 말하기 연습
- **DAY 16** 지난 주말에 뭐 하셨어요? 114
- **DAY 17** 홍어 드셔 보셨어요? 123
- **DAY 18** 너는 어떤 과자를 가장 좋아해? 131
- **DAY 19** 다목적실이 어디에 있어요? 138
- **DAY 20** 조금만 조용히 해 줬으면 좋겠어 144

WEEK 5 말하기 연습
- **DAY 21** 생각할 시간을 조금 더 주세요 152
- **DAY 22** 선생님, 저 잠깐 쉬고 싶어요 160
- **DAY 23** 이것 좀 도와줘 166
- **DAY 24** 이 사진 SNS에 올려도 돼? 174
- **DAY 25** 더 주세요! 조금만 주세요! 180

WEEK 6 말하기 연습
- **DAY 26** 미안하지만, PC방에는 다음에 가자 188
- **DAY 27** 내 물건을 쓸 때는 먼저 물어봐 줄래? 195
- **DAY 28** 미안하지만 네 숙제는 네가 했으면 좋겠어! 202
- **DAY 29** 별명 말고 내 이름을 불러 줘! 207
- **DAY 30** 괴롭히지 좀 마! 214

WEEK 7 말하기 연습
- **DAY 31** 선생님, 느낄 말씀이 있는데요 224
- **DAY 32** 제가 발표해 보겠습니다 230
- **DAY 33** 네 생각이 맞는 것 같아 237
- **DAY 34** 선생님, 저 이해했어요! 244
- **DAY 35** 동물원이 있어야 한다고 생각하니? 249

WEEK 1
말하기 연습

월요일 인사와 함께 칭찬하기

화요일 칭찬받고 감사 표현하기

수요일 상대방의 도움에 감사 표현하기

목요일 특별한 날에 대해 축하하기

금요일 즐거운 경험에 대한 의사표현하기

1주차 월요일

DAY 1

선생님! 오늘 입으신 옷이 참 잘 어울리시네요

인사와 함께 칭찬하기

아침에 누군가를 만났을 때 인사와 함께 칭찬을 건네 보세요. 그러면 인사를 받은 사람과 인사를 한 사람 모두 기분이 좋은 하루를 시작할 수 있습니다. 이번 시간에는 학생이 아침에 교사를 만났을 때 습관적이고 형식적인 인사만 하는 것이 아니라 센스 있는 칭찬을 건네는 상황이 제시됩니다. 인사와 칭찬을 함께 건네는 연습을 통해 특수교육대상학생들이 상대방의 호감을 사고 서로 간의 친밀감을 쌓을 수 있는 말하기 능력을 갖춘 학생이 되기를 기대합니다.

대본을 보고 역할극을 해 봐요

어느 봄날의 아침, 교사는 출근 후 책상에 앉아 있고 특수학급 문을 열며 학생이 들어온다. 교사는 주말에 새 옷을 사서 입고 출근하여 기분이 매우 좋은 상태다. 학생이 교실 문을 열고 들어온다.

긍정이 (큰 목소리로 고개를 숙이며) 안녕하세요. 선생님.

열정쌤 어! 그래, 긍정이구나. 안녕~ 주말 잘 보냈니?

긍정이 (웃으며) 네~ 잘 보냈어요.

열정쌤 긍정이 오늘따라 얼굴에서 빛이 나는데? 더 잘생겨 보인다.

긍정이 진짜요?

열정쌤 우리 긍정이… 세수하고 왔구나!

긍정이 (장난으로 삐진 표정을 짓는다) 아~ 왜 그러세요. 세수는 당연히 했죠!

열정쌤 (놀리며) 네가? 네가? 지난번에 안 하고 온 건 뭐지?

긍정이 그때는 늦잠을 좀 잤습니다.

열정쌤 농담한 거야. 긍정이 정말로 멋져 보여, 오늘!

긍정이 감사합니다. 선생님.

열정쌤 그래. 선생님은 오늘 어때 보여? (옷을 살짝 보여 준다)

긍정이 선생님이요?

열정쌤 (옷을 계속 보여 주며) 응, 나 말이야~

긍정이 어! 선생님! 혹시 옷 새로 사셨나요?

열정쌤 응~ 어때?

긍정이 선생님! 오늘 입으신 옷이 참 잘 어울리시네요.

DAY 1　15

열정쌤 진짜? 이야, 우리 긍정이 완전 센스 짱인데~ 선생님 이거 지난 주말에 샀어.

긍정이 아~ 그렇구나.

열정쌤 네가 그렇게 말해 주니까 기분 좋다. 고마워.

긍정이 (웃으며) 진짜 멋있어요. 선생님. 옷 색깔도 잘 어울리시고요.

열정쌤 고맙다. 그래. 이런 색깔은 쌤 아니면 소화하기 어렵지~

긍정이 네네. 저도 그렇게 생각합니다.

열정쌤 긍정이도 오늘따라 교복이 더 잘 어울리는데?

긍정이 (어깨를 으쓱하며) 감사합니다. 제가 좀 교복이 잘 어울리긴 하죠. 어제 새로 세탁기에 돌려서 빨았고요. 페브리즈도 뿌렸습니다.

열정쌤 그래~ 무슨 교복 모델 해도 되겠다. 너무 잘 어울려~

긍정이 감사합니다. 헤헤헤.

열정쌤 아침에 긍정이가 선생님한테 인사하고 칭찬도 해 주니까, 기분도 좋고 훨씬 근사하고 멋진 인사가 된 것 같아.

긍정이 네, 맞아요. 저도 선생님이 칭찬해 주셔서 좋았어요.

열정쌤 오늘 하루 출발이 좋은걸? 오늘도 재밌게 공부하자~

긍정이 네. 알겠습니다. 선생님!

💡 이렇게 지도해 보세요

　인사와 칭찬은 서로의 기분을 좋게 만들어 주는 대화법입니다. 이런 대화는 일상생활을 좀 더 따뜻하고 풍요롭게 만들어주는 말하기라 적재적소에 사용한다면 좋은 인간관계를 형성하는 데 도움이 됩니다. 특수교육대상학생들이 인사를 잘하는 것도 중요하지만, 매일 똑같은 인사만 하는 것이 아니라 칭찬과 같은 센스 있는 말을 함께 건넬 수 있도록 지도해 보세요.

　사실 이러한 말하기를 처음부터 능수능란하게 할 수 있는 사람은 없습니다. 아침에 '인사와 함께 칭찬 건네기'는 누구라도 배움이나 연습 없이는 쉽게 할 수가 없는 것입니다. 그리고 습관이 되어 있지 않다면 연습을 했더라도 실천으로 옮기기는 어렵습니다. 그렇다면 학생들에게 인사와 함께 칭찬을 건네는 것을 가르치기 위해서는 어떻게 해야 할까요.

　우선, 교사가 학생에게 먼저 인사와 칭찬을 자주 건네는 것을 추천합니다. 최근에 학생들에게 인사를 하고 칭찬을 함께 건넨 적이 있으신가요? 학교에서 교사는 학생의 거울입니다. 교사가 건네는 따뜻한 인사와 칭찬을 학생들은 자연스럽게 들으며 배우게 됩니다. 한 가지 방법을 알려 드리자면, 누군가를 만났을 때 그 사람의 외향적인 특징을 재빨리 관찰하고 관찰한 것을 포함한 칭찬을 하도록 지도하면 좋습니다. 예를 들어 헤어스타일, 미소, 좋은 향기, 옷차림, 외모, 목소리, 액세서리, 물건, 화장 등 특징적인 것을 파악해 보는 것도 좋은 방법이 됩니다. 칭찬은 구체적일수록 좋기 때문입니다. 그 사람이 평소와 다른 모습이 있다면 그 부분을 직접적으로 언급하며 칭찬하는 것도 좋습니다. 이렇게 되면 칭찬을 받은 사람은 '저 사람이 나에게 관심이 있구나.'라고 생각하게 돼서 호감을 갖게 됩니다.

인사와 함께하는 칭찬의 예시

- "오늘따라 헤어스타일이 더 멋있어 보여요."
- "머리핀(머리띠)이 정말 잘 어울려요."
- "향수 쓰셨어요? 좋은 향기가 나네요."
- "가방이 정말 멋있네요."
- "미소가 참 보기 좋네요. 저도 기분이 좋아지는 것 같아요."
- "오늘따라 목소리가 더 멋있게 들려요."

칭찬을 자연스럽게 하려면 많은 연습이 필요합니다. 칭찬을 책 읽듯이 하는 것이 아니라 감정을 담아서 진정성이 느껴지도록 말해야 칭찬을 받는 사람도 감동하기 때문입니다. 말하기 연습을 할 때 학생이 칭찬하는 것을 어려워한다면 학생이 칭찬을 선택해서 말해 볼 수 있도록 다양한 예시가 적힌 '칭찬리스트'를 제공해도 좋습니다. 혹은 학생과 실천 약속을 해 보는 것도 하나의 방법입니다. 예를 들면 월요일 아침은 '인사와 함께 칭찬을 건네는 날'로 학급 규칙을 설정해도 좋습니다. 일주일에 한 번씩만 꾸준히 연습해도 충분합니다. 연습을 꾸준히 하다 보면 학생들이 감정을 담아 자연스럽게 칭찬을 할 수 있게 될 것입니다.

함께하면 더 좋은 의사소통 활동

- **제목**   내가 듣고 싶은 칭찬
- **인원**   2인 1조
- **준비물**   칭찬카드(명함/카드 용지) 5개, 칭찬 답변지
- **활동 방법**

① 내가 듣고 싶은 칭찬을 생각해 보고 칭찬카드 5개에 적는다. 이때 칭찬은 대화체로 작성해야 한다.
 (예: "너 진짜 똑똑하다." "너 축구 정말 잘하더라." 등)

② 칭찬카드를 자신의 앞쪽에 나란히 덮어서 놓는다.

③ 2인 1조로 진행하며 상대방과 가위바위보(혹은 묵찌빠)를 해서 진 사람이 이긴 사람의 앞쪽에 있는 칭찬카드를 한 개 집어 들고 칭찬을 말해야 한다.

④ 이때 칭찬은 글씨를 읽듯이 하는 게 아니라 진심으로 말하듯 말해야 한다. 상황에 따라 교사의 모델링이 있으면 좋다.

⑤ 칭찬을 들은 사람은 자신의 칭찬 답변지 중 마음에 드는 말로 답변을 해도 되고 직접 말해도 된다. 다만, 같은 답변을 연속해서 할 수는 없다.

⑥ 계속해서 가위바위보를 실시하여 자신이 적은 칭찬 5개를 모두 들은 사람이 승리하게 된다.

⑦ 활동이 끝난 후 칭찬을 들은 소감과 칭찬을 해 주었을 때의 소감에 대해 발표해 본다.

● **도움말**

　이 활동은 상대방이 듣고 싶어 하는 칭찬을 게임을 통해 파악해 보며 직접 칭찬을 주고받는 연습을 하는 활동입니다. 학생들이 칭찬을 주고받으며 다양한 방법으로 대답을 해 보도록 지도합니다. 본인이 듣고 싶은 칭찬을 적는 것이 이 활동의 핵심이기 때문에 게임 후 평소에도 상대방이 듣고 싶어 하는 칭찬을 해 줄 수 있도록 지도할 수 있으며 활동 후 가장 듣고 싶은 칭찬으로 학생의 별명을 지어 주어도 좋습니다. 이렇게 하면 학생 간의 친밀감을 형성하는 데 도움이 됩니다(예: 축구를 정말 잘하는 학생에게 별명을 지어 줄 때 '김메시', '김호날두' 등으로 지어 줄 수 있다).

1주차 화요일

DAY 2

칭찬해 주셔서 감사합니다
선생님 덕분입니다

칭찬을 받고 감사 표현하기

축하를 받게 된다면 적절하게 감사를 표현하는 것이 중요합니다. 특수교육대상학생들도 축하를 받게 된다면 적절한 인사말로 감사의 표현을 할 줄 알아야 합니다. 이번 시간에는 대회에 출전해서 수상한 학생이 축하한다는 말을 듣고 감사를 표현하는 내용의 대본이 제시됩니다. 역할극을 통해 학생들과 감사 표현을 연습해 보세요. 그리고 제시된 다양한 감사 표현도 즐겁게 연습해 보시기 바랍니다.

대본을 보고 역할극을 해 봐요

지난주 개최된 특수교육대상학생 체육 대회에 출전해 수영 부문에서 은상을 받고 학교에 돌아온 태환이가 오랜만에 선생님께 반갑게 인사를 한다.

태환이 선생님 안녕하세요?

열정쌤 태환아! 태환이 수영 대회에서 상 탔다며!

태환이 (망설이는 표정으로) 네. 선생님. 저… 은상 탔어요.

열정쌤 (깜짝 놀라는 표정으로 손뼉을 치며) 우와! 잘했다. 그렇지 않아도 교감 선생님께서 태환이가 수영 대회에서 은상을 탔다고 말씀해 주셔서 알고 있었지.

태환이 네, 선생님.

열정쌤 다른 쌤들도 함께 기뻐해 주셨어. 태환아! 은상 탄 것 진짜 축하해!

태환이 (머리를 긁적이며) 별거 아니에요.

열정쌤 왜 별일이 아니야? 너 진짜 훈련 열심히 했잖아~ 대회에 참가하는 것도 대단한데, 은상까지 받았으니 칭찬받아 마땅하지. 너무 축하해~

태환이 (얼굴을 붉히며) 아니에요.

열정쌤 태환아~ 다른 사람이 칭찬할 때는 '감사합니다.'라고 말하면 돼.

태환이 아~ 네.

열정쌤 다른 사람이 칭찬할 때 '아니에요.' '그렇지 않아요.'라고 말하면 말한 사람이 무안할 수도 있거든.

태환이 (조금 놀라며) 그래요? 그렇게 생각하는지 몰랐는데, 저는 그냥 쑥스러워서 그런 것 같아요.

열정쌤 그래~ 그럴 수 있어. 괜찮아. 이제 알았으니 앞으로는 칭찬을 받으면 먼저 감사하다고 먼저 말하는 거야. 알았지?

태환이 네, 선생님.

열정쌤 그러면 선생님이 칭찬하는 말을 다시 해 볼 테니 너도 '감사합니다.'라고 말해 볼 수 있을까?

태환이 (부끄러운 표정으로) 지금요?

열정쌤 응. 지금.

태환이 (망설이며 시간을 끌다가) 네.

열정쌤 태환아, 이번 수영 대회에서 은상 탄 것 축하해~

태환이 (작은 목소리로) 감사합니다.

열정쌤 (웃으며) 그래, 잘했어. 그런데 조금 더 큰 소리로 씩씩하게 말하면 더 좋을 것 같은데?

태환이 (큰 목소리로) 네 선생님. 칭찬해 주셔서 감사합니다.

열정쌤 (활짝 웃으며) 그래, 정말 잘했어. 앞으로도 이렇게 대답하는 거야. 알았지?

태환이 네.

열정쌤 한 가지 더 알려 줄 게 있어. 칭찬을 들었을 때는 먼저 '감사합니다.'라고 말하고 그 뒤에 '선생님 덕분이에요.'라고 말하면 좋아.

태환이 '덕분이에요.'라고요?

열정쌤 응. 혹시 네가 상을 타는 데 도움을 준 사람이 있는데 그 사람이 너에게 칭찬을 해 주었을 때는 그 사람 이름을 말하면서 '덕분이에요.'라고 말하면 좋아.

태환이 도와준 사람을 말하면서요?

열정쌤 응, 예를 들어 체육 선생님이 도와주셨으면 체육 선생님께 "체육 선생님 덕분에 상을 탔습니다."라고 말하면 좋아.

태환이 아~ 네.

열정쌤 그리고 너를 도와준 사람이나 감사하고 싶은 사람이 여러 사람일 경우 '여러분 덕분이에요.'라고 말하면 더 좋아. 칭찬해 주신 분을 높여 주어 상대도 기분이 좋아지게 되고, 칭찬하신 분에게 고마운 마음도 함께 전할 수 있지. 어때! 어렵지 않지?

태환이 네. 할 수 있을 것 같아요.

열정쌤 또 '감사합니다.'라는 말 뒤에 '앞으로 더 노력하겠습니다.'라고 말하면 좀 더 좋은 인상을 남길 수 있을 거야. 한번 해 볼래?

태환이 감사합니다. 선생님 덕분입니다. 더 노력하겠습니다.

열정쌤 그래! 고마워. 태환이는 앞으로 더 훌륭한 수영 선수가 될 거야. 화이팅!

태환이 다음에는 꼭 금메달을 따도록 하겠습니다.

열정쌤 그럼 당연하지! 역시~ 태환이 멋져!

💡 이렇게 지도해 보세요

  일상생활 속에서 다른 이들로부터 받는 축하, 도움, 배려, 위로, 격려, 칭찬 등은 우리가 삶을 살아가는 데 큰 힘이 되고, 마음속에 따뜻한 감동이 전달되어 생활의 활력이 됩니다. 우리가 다른 사람으로부터 받은 고마움에 대한 나의 마음을 상대방에게 전달하고 표현하는 것이 '감사'입니다. '감사'를 표현하면 행복 지수가 상승한다고 합니다. 따라서 일상생활 속에서 감사함은 자주 표현할수록 좋습니다. 서로를 행복하게 해 주니까요.

  그러나 축하나 칭찬을 들었을 때 부끄러운 마음에 "아니에요."라고 부정적으로 대답하거나, "별것 아니에요, 그렇지 않아요."라고 지나치게 겸손하게 대답한 경험이 누구나 있을 것입니다. 그러면 칭찬을 건넨 상대방은 그 대답에 살짝 민망하거나 자신의 마음이 잘 전달되지 않았다고 느낄 수 있습니다. 이럴 때는 상대방의 칭찬의 말을 받아들이고 먼저 "고맙습니다."라는 말로 대답하는 것이 좋습니다. 특수교육대상학생들의 경우 칭찬과 축하를 받은 경험이 부족하고, 의사소통에 어려움을 호소하는 경우가 많은데 이럴 때 어떻게 지도하면 좋을까요?

  먼저, 특수교육대상학생들에게 축하와 칭찬, 격려와 위로를 충분히 경험하도록 지도합니다. 거창한 일이 아니더라도 일상생활의 작은 변화나 성과, 예쁘게 인사하고 친구들과 사이좋게 지내는 모습 등등 칭찬 소재는 아주 다양합니다. 일상생활 속에서 칭찬을 주고받는 경험을 많이 쌓는 것이 중요하며 칭찬의 말을 듣고 바로 "고맙습니다." "감사합니다."라고 대답하는 연습을 꾸준히 해야 합니다. 학생들이 칭찬에 익숙해지면 부끄럽고 쑥스러운 마음은 사라지고 감사의 마음을 담아 진심으로 고마움을 표현할 수 있습니다. 선생님께 받는 칭찬뿐만 아니라 친구들 사이에서도 서로 장점을 찾아 칭찬하고 칭찬에 대해 감사 표현을 주고받는 활동을 통해 감사 표현을 연습할 수 있습니다.

상대방의 칭찬을 받고 고맙다는 인사에 "선생님 덕분입니다." "여러분 덕분입니다." 한마디를 더한다면 나를 칭찬해 준 상대방의 마음도 헤아리고, 상대방을 높여 주는 말이 됩니다. 칭찬을 받으면 당황하지 않고, "감사합니다. 여러분 덕분입니다."라고 감사의 마음을 담아 차분하게 대답할 수 있도록 지도해 주세요.

마지막으로 교사가 학생을 칭찬할 때는 결과에 대한 칭찬보다 과정에 대해 칭찬을 하는 것이 좋습니다. "잘했어." "수고했어."라는 칭찬보다는 학생이 노력한 부분을 칭찬해 주세요.

교사가 할 수 있는 과정을 칭찬하는 말의 예시

- "열심히 하는 모습이 정말 보기 좋았어."
- "결과에 상관없이 네가 최선을 다했다는 것이 중요해."
- "노력하는 모습이 정말 자랑스러웠어."
- "지금처럼 계속 노력하면 다음에는 더 좋은 결과가 있을 거야."
- "많이 힘들었을 텐데, 끝까지 최선을 다한 것이 정말 대단해."

함께하면 더 좋은 의사소통 활동

- **제목**   감사 표현 두더지 잡기
- **인원**   학급 인원 전체
- **준비물**   낱글자 카드, 벨크로, 봉망치(최소 2개)
- **활동 방법**

① 다양한 낱글자 카드 코팅하여 준비한다. 낱글자에는 '감사합니다', '고맙습니다'의 낱글자를 포함한다.

② 코팅된 낱글자에 벨크로를 붙이고 봉망치의 끝부분에도 나머지 벨크로를 붙여 봉망치로 낱글자를 치면 글자가 봉망치에 붙을 수 있도록 한다.

③ 낱글자를 섞고, 교사의 신호에 따라 봉망치를 내려쳐서 글자를 수집한다. '감사합니다' 혹은 '고맙습니다'의 낱글자를 찾아서 문장을 먼저 완성하는 팀이 승리한다.

- **도움말**

봉망치를 힘껏 내리치며 즐거움도 느끼고 스트레스도 풀 수 있는 활동입니다. 모둠을 정해서 활동할 수 있으며 봉망치를 사용하는 것이기에 혹시 발생할 수 있는 다툼이나 안전사고에 유의합니다. 낱글자 카드의 수를 증가시킬수록 난이도가 높아지므로 글자 카드의 개수를 점차 늘려 가며 활동을 진행할 수 있습니다. 감사 표현 이외에 교사가 제시하는 단어, 혹은 수업의 주제를 봉망치를 통해 찾아보거나 끝말잇기를 봉망치를 활용하여 실시해도 좋습니다.

1주차 수요일

DAY 3
덕분에 잘 도착했습니다

상대방의 도움에 감사 표현하기

이번 시간은 학생이 교사와 친구들에게 '덕분'이라는 말을 사용하여 감사를 표현하는 내용이 제시됩니다. '덕분'이라는 말은 어떤 도움으로 인해 좋은 결과를 얻게 됐을 때 상대방에게 감사를 표현하는 효과적인 단어입니다. 이번 시간의 연습을 통해 특수교육대상학생들이 '덕분'이라는 말을 사용하여 타인에게 감사 표현을 할 수 있기를 바랍니다.

대본을 보고 역할극을 해 봐요

컴퓨터 자격증 시험이 있는 날. 열정쌤이 원준이를 시험장까지 태워 주고 있다. 원준이는 선생님께 감사의 인사를 한다.

열정쌤 원준아. 이제 시험장 거의 다 와 가네. 시험 준비물은 잘 챙겼지?

원준이 네.

열정쌤 이따가 너무 긴장하지 말고 시험 잘 쳐.

원준이 네, 쌤. 알겠습니다. 조금 긴장이 되긴 하네요.

열정쌤 괜찮아. 연습했던 것처럼만 하면 돼. 잘할 수 있을 거야.

원준이 쌤도 옛날에 시험 같은 거 볼 때 떨리셨어요?

열정쌤 물론이지. 쌤도 엄청나게 떨렸지.

원준이 그럴 땐 어떻게 해야 하나요?

열정쌤 심호흡을 우선 해야지! 자! 따라 해 봐! 깊게 숨을 들이마시는 거야. (심호흡을 한다) 후읍~ 하아~

원준이 그 방법 말고는 없나요, 쌤?

열정쌤 음, 그럼 이건 쌤만의 방법인데 쌤은 시험 볼 때 쌤이 제일 좋아하는 볼펜을 가져가서 그걸 만지면서 떨리는 마음을 진정시켰어.

원준이 저는 그런 게 없는데요.

열정쌤 선생님이 그럼 지금 너의 필기구에 기운을 물어넣어 주마. (손바닥을 펼치고 주술 하듯) 흐합! 합! 격! 기! 원!

원준이 뭐 하시는 거예요? 하하하.

열정쌤 이제 네 필기구는 보통의 필기구가 아니니라~ 떨릴 때는 필기구를 만지면서 힘을 내렴!

원준이 네. 알겠습니다, 쌤. 자격증 꼭 딸 수 있도록 최선을 다하겠습니다.

열정쌤 그래그래. 좋아~ 파이팅하고! 자, 이제 거의 다 도착했다. 쌤은 주차할 데가 없어서 저기 앞에서 내려 줄 테니까. 시험 잘 보고 와!

원준이 네! 쌤. 태워 주셔서 감사합니다. 덕분에 잘 도착했습니다.

열정쌤 아이고~ 우리 원준이 그런 말도 할 줄 알고. 다 컸네? 그래~ 파이팅!! 아자자!!

원준이 네! 파이팅! 감사합니다.

며칠 후, 자격증의 결과가 나온 날. 교실에서 교사와 학생들이 원준이를 칭찬하고 있다.

열정쌤 자자! 모두 잘 들어 봐요. 지난번에 컴퓨터 자격증 시험이 있었죠? 거기에 우리 반 원준이가 시험을 보러 갔었는데 당당하게 합격했다고 합니다! 모두 축하해 주세요~

동동이 (소리를 지르며) 와~~ 축하해~ 대박이다! 부럽다~

열정쌤 원준아, 축하한다. 원준이가 그동안 열심히 노력했는데 그거에 대한 보상을 받은 것 같네. 원준이 소감 한번 들어 볼까?

원준이 축하해 주셔서 정말 감사합니다. 우선 자격증 따서 기쁘고요. 너무 좋습니다.

열정쌤 그리고?

원준이 그리고 제가 자격증을 딸 수 있었던 것은 선생님과 친구들 덕분이라고 생각합니다.

동동이 원준아! 진짜 축하해. 너 정말 멋있다. 대단해.

원준이 고마워~ 내가 자격증 딸 수 있던 건 네 덕분이야. 네가 많이 도와줬잖아.

동동이 아니야. 네가 열심히 노력해서 딴 거야. 그래도 그렇게 말해 줘서 고마워! 아무튼 정말 대단해!

원준이 너도 할 수 있을 거야. 담엔 너도 꼭 따!

동동이 그래야겠다. 이젠 내 차례야. 나도 꼭 따야지

원준이 그래.

열정쌤 원준이가 컴퓨터 자격증 땄으니까 뭐 이제 컴퓨터 전문가라고 볼 수 있겠네.

원준이 네? 하하하. 전문가요?

열정쌤 (미소 지으며) 그런 의미로 쌤이 지금 급하게 컴퓨터 문서 작업할 게 있는데…. 원준이한테 좀 부탁해도 되겠지?

원준이 (웃으며) 아~ 뭐예요, 쌤!

열정쌤 하하하, 자격증을 따도 계속 연습하지 않으면 다 까먹는다고!

원준이 진심이십니까?

열정쌤 농담이다. 이놈아!

이렇게 지도해 보세요

"덕분에"라는 말은 누군가의 도움으로 인해 무언가를 성취하거나 할 수 있게 되었을 때 사용하는 말입니다. 이 말을 사용하면, 도움을 준 사람에게 감사의 표현을 할 수 있고 상대방의 기분을 좋게 만들어 주기 때문에 친밀한 관계를 형성하는 데 도움이 됩니다.

또한, "덕분에"라는 말을 사용하면 누군가의 도움을 받은 사실을 인정하고 성취를 이룰 수 있게 된 이유를 설명하는 것이기에 상대방을 치켜세워 주면서 감사를 표현할 수 있습니다. 그러한 말을 들은 상대방은 자신이 도움이 되었다는 것에 보람을 느낄 수 있고 자신을 인정해 준다고 생각하게 됩니다.

학교에서 교사도 하루에 한 번씩 "덕분에"라는 단어를 사용하여 학생들에게 따뜻한 말을 건네 보세요. 예를 들어 학생이 수업을 열심히 했을 때는 "○○이가 수업에 열심히 참여해 준 덕분에 선생님이 힘이 많이 났어. 고마워."라든지, 학생이 좋아하는 노래를 알려 준다면 "○○이가 이런 노래를 알려 준 덕분에 선생님도 새로운 노래를 알게 되었네. 잘 들을게."와 같이 "덕분에"를 사용할 수 있습니다. 학생들이 자신의 작은 도움이 타인에게 도움이 된다는 것을 느낄 수 있도록 "덕분에"라는 말을 최대한 자주 학생들에게 건네주세요.

함께하면 더 좋은 의사소통 활동

- **제목**　　　"덕분에" 말하기 연습 활동
- **활동 방법**
  ① "덕분에"라는 말을 넣어 문장을 완성한다.
  ② 완성된 문장을 읽어 보고 "덕분에" 말하기 연습을 한다.
- **활동지 예시**

상황 1	선생님의 도움으로 어려운 만들기를 완성했을 때
	예: 선생님 덕분에 완성했어요.
상황 2	병원에 다녀오고 학교에 왔는데 친구들이 안부를 물어볼 때
	예: 걱정해 준 덕분에 다 나았어.
상황 3	친구들의 응원으로 축제에 나갔을 때
	예: 응원해 준 덕분에 잘할 수 있었어.
상황 4	학교에서 장학금을 받았을 때
	예: 선생님과 친구들 덕분에 장학금을 받게 되었습니다.
상황 5	친구에게 잘하라고 격려를 받았을 때
	예: 네 덕분에 많은 용기를 얻었어.
상황 6	어른이 맛있는 음식을 사 주셨을 때
	예: 덕분에 맛있는 음식을 잘 먹었습니다.
상황 7	친구가 축구 경기에서 골키퍼를 잘해서 이겼을 때
	예: 네가 잘 막아 준 덕분에 이길 수 있었어!
상황 8	친구기 빌려준 돈을 다시 갚을 때
	예: 네가 돈을 빌려준 덕분에 살 수 있었어. 고마워!
상황 9	선생님과 즐거운 체험학습을 마치고 돌아왔을 때
	예: 선생님 덕분에 행복한 하루였습니다.
상황 10	우울했는데 친구들이 기분을 풀어 주었을 때
	예: 너희들 덕분에 기분이 좋아졌어.

1주차 목요일

DAY 4
선생님 결혼 축하드려요!

선생님 결혼 축하하기

우리가 살아가는 동안에는 축하할 일들이 정말 많습니다. 상대방에게 축하를 건넬 일들이 있을 때 원만한 인간관계를 위해서는 상대방에게 진심으로 축하하는 말을 하는 것이 중요합니다. 오늘은 교사의 결혼 소식을 듣고 학생이 교사에게 축하의 말을 전하는 내용으로 구성됩니다. 또한, 다양한 상황에서 사용할 수 있는 축하의 말을 학습해 봅시다.

대본을 보고 역할극을 해 봐요

결혼을 한 달 앞두고 주말에 웨딩 사진을 찍은 지혜쌤, 콧노래를 부르며 교실에 앉아 있다.

서현이 선생님! 무슨 좋은 일 있으세요?
지혜쌤 (설렘 가득한 목소리로) 서현이구나. 음, 선생님 기분이 좋아 보이니?
서현이 네. 선생님이 노래를 부르시길래요.
지혜쌤 그랬구나. 사실은 선생님한테 좋은 소식이 있어.
서현이 (궁금해하며) 뭐예요. 선생님?
지혜쌤 사실은 말할까 말까 고민했는데.
서현이 뭔데요, 선생님~
지혜쌤 (웃으며) 선생님 결혼해.
서현이 (눈이 동그래지며) 우와, 정말요? 진짜예요?
지혜쌤 응. 진짜야.
서현이 우와~ 선생님. 결혼 축하드려요! 언제 결혼하세요?
지혜쌤 다음 달 16일 토요일이야.
서현이 얼마 안 남았네요? 완전 몰랐어요.
지혜쌤 선생님이 부끄러워서 말 못 했어.
서현이 선생님 진짜 좋으시겠다.
지혜쌤 서현이도 선생님이 결혼식에 초대할까?
서현이 네! 갈래요! 가도 돼요?
지혜쌤 그럼~ 와도 되지.

서현이 어디에서 하시는데요?

지혜쌤 (청첩장을 가리키며) 여기야~ 우리 학교에서 가까워.

서현이 아~ 거기 저도 알아요. 가 봤어요. 거기 밥 맛있잖아요!

지혜쌤 그럼~ 그럼~ 밥이 맛있는 곳이니까 꼭 와서 먹어. 많이 먹어~ 우리 반 친구들 중에 오고 싶은 학생은 와도 돼. 선생님이 이따가 얘기할 테니까 같이 와.

서현이 네. 알겠습니다! 그런데 선생님 누구랑 결혼하세요?

지혜쌤 선생님 웨딩 사진 보여 줄까?

서현이 네~! (사진을 본다)

지혜쌤 자~ 여기 이 사람이 선생님하고 결혼할 사람이야.

서현이 아~ 그렇구나.

지혜쌤 이거는 선생님 웨딩드레스 입은 사진!

서현이 우와~~ 선생님 맞아요? 너무 예뻐요. 연예인 같아요.

지혜쌤 고마워~ 사진 잘 나왔지?

서현이 (웃으며) 네. 진짜 행복해 보여요. 선생님 결혼 진짜 축하드려요~

지혜쌤 축하해 줘서 정말 고마워~

서현이 네. 선생님. 저도 나중에 결혼할 수 있겠죠?

지혜쌤 그럼! 멋지고 훌륭한 사람하고 결혼할 거야. 서현이가 결혼할 때 선생님 잊지 말고 꼭 초대해야 된다!

서현이 네!

이렇게 지도해 보세요

일상생활에서 축하를 할 수 있는 상황은 가장 흔한 생일뿐만 아니라 너무도 많습니다. 특수교육대상학생들과 축하를 할 수 있는 상황들의 예시에는 어떤 것들이 있는지를 함께 이야기해 보고 각각의 상황에 맞는 축하의 말을 할 수 있도록 지도해 주세요. 학생들이 축하를 해 본 경험, 축하를 받아 본 경험에 대해 이야기를 함께 나누고 어떨 때 기분이 좋았는지, 기분이 좋지 않았는지를 확인함으로써 다양한 축하 방법과 학생들이 원하는 축하 방법이 무엇인지 자연스럽게 학습할 수 있습니다.

다양한 상황에서 사용할 수 있는 축하의 말

- 생일 축하 "생일 축하해요. 행복한 시간 보내시길 바라요."
- 결혼 축하 "결혼 축하해요. 오래오래 행복하세요."
- 입학 축하 "입학 축하해요. 잘 적응하길 바라요."
- 합격 축하 "합격 축하해요. 멋지게 합격할 줄 알았어요."
- 취업 축하 "취업 축하해요. 항상 좋은 일만 가득하시길 바라요."
- 출산 축하 "출산 축하해요. 아기가 건강하게 자라기를 바랍니다."
- 졸업 축하 "졸업 축하해요. 그동안 고생 많았어요."
- 이사 축하 "이사 축하해요. 새로운 집에서 행복한 추억 만드세요."
- 입상 축하 "입상 축하해요. 그동안 노력한 보람이 있네요."
- 개업 축하 "개업 축하해요. 대박 나세요."

함께하면 더 좋은 의사소통 활동

- **제목**   축하해 키링
- **준비물**   슈링클스 종이, 오븐, 그리기 도구, 펀치, 네임펜
- **활동 방법**

① 슈링클스 종이를 준비하고 네임펜을 사용하여 다양한 축하의 말을 적는다. 상황에 적합한 축하의 말을 고른 다음 적으면 좋다.
② 글씨를 다 적은 다음 그림을 그려서 꾸밀 수도 있고 슈링클스를 하트, 동그라미 등 원하는 모양으로 오린다.
③ 키링 고리를 걸 수 있도록 적절한 위치에 펀치로 구멍을 뚫는다.
④ 슈링클스 종이를 오븐에 넣고 시간에 맞게 굽는다. 그 후 슈링클스 종이가 오븐의 열기로 인해 오므라들었다가 다시 평평해지면 꺼낸다.
⑤ 구워진 슈링클스를 식힌 후 키링 고리를 건다.
⑥ 축하해 주고 싶은 친구나 선생님에게 선물한다.

- **도움말**

　슈링클스 종이는 오븐에 구우면 몇 배는 작아지니 문구를 크게 적어야 합니다. 또한 슈링클스 종이에서 안내하는 온도와 시간을 따라 구워주는 게 좋습니다. 축하의 말을 적기 어려워하는 친구를 위해 축하의 말을 프린트한 후 그 위에 슈링클스 종이를 놓고 따라 쓰도록 해도 좋습니다. 마지막에는 키링을 만들어 선물하며 칭찬을 하는 기쁨을 경험해 볼 수 있습니다.

1주차 금요일

DAY 5
오늘 수업 재미있었어요

즐거운 경험에 대한 의사표현하기

이번 시간에서는 즐거운 수업을 마쳤을 때 학생들이 수업에 대한 자신의 긍정적인 감정을 교사에게 표현하는 내용을 담았습니다. 학생으로부터 수업이 재미있었다는 말을 듣게 된다면 교사로서 정말 큰 보람을 느낄 수 있을 것입니다. 따라서 교사는 학생들이 수업이 재미있다고 말할 수 있도록 교사는 수업을 설계하고 실행해야 할 것입니다. 이 책을 읽는 많은 선생님들이 학생들로부터 수업이 정말 재밌었다는 말을 매일매일 들을 수 있기를 바랍니다.

대본을 보고 역할극을 해 봐요

교정에 피어 있는 다양한 꽃을 조사하는 수업을 마치고 교실로 돌아와서 교사와 학생이 대화를 나누고 있다.

열정쌤 자~ 오늘 수업은 여기까지 하고 마치겠습니다.
긍정이 네~ (웃으며) 선생님! 오늘 수업 재미있었어요.
열정쌤 오~ 진짜? 우리 긍정이가 그렇게 얘기해 주니까 선생님 기분이 정말 좋은데?
긍정이 네, 진짜로 재미있었어요.
열정쌤 선생님도 재미있었어~ 긍정이는 뭐가 제일 재미있었어?
긍정이 우선, 돌아다니면서 여러 가지 꽃들을 찾아본 것이 좋았어요. 교실이 아니라 밖에서 수업하는 것도 좋았고요.
열정쌤 응, 그래 맞아. 산책도 되고 좋았지?
긍정이 네. 그리고 우리 학교에 이렇게 많은 종류에 꽃이 있는지는 몰랐어요.
열정쌤 우리가 잘 모르고 지나쳐서 그렇지. 알고 보면 우리 주변에 피어 있는 꽃의 종류가 정말 많단다.
긍정이 그런 것 같아요.
열정쌤 상훈이는 어땠니?
상훈이 저도 재밌었어요.
열정쌤 어떤 게 재미있었어?
상훈이 핸드폰으로 사진도 찍고, 몰랐던 꽃들의 이름도 알게 돼서 좋았어요.
열정쌤 맞아 선생님도 몰랐던 꽃 이름 알게 돼서 신기하고 재밌었어.

상훈이 핸드폰 어플로 사진을 찍으니까 바로 꽃 이름이 나와서 좋았어요.

열정쌤 맞아. 옛날에는 '이 꽃이 무슨 꽃일까?'라고 생각만 했었는데 지금은 바로 이름이 나오니까 신기하지?

상훈이 네. 신기해요.

열정쌤 사람들이 잘 모르는 야생화들도 저마다 이름을 갖고 있으니까 앞으로는 이름을 기억해서 불러 주면 좋을 것 같아. 오늘 조사한 꽃 이름을 정리해서 꽃도감을 한번 만들어 보자.

상훈이 꽃도감이요?

열정쌤 응. 우리가 찍은 사진을 프린트해서 정리하고 인터넷으로 그 꽃에 대해서 조사해서 적어 보는 거야.

상훈이 아~ 네. 좋아요. 재미있을 것 같아요.

열정쌤 그럼. 상훈이가 뭘 하면 좋을까?

상훈이 네. 그럼 제가 인터넷에 꽃 이름을 검색해서 어떤 꽃인지 조금 더 자세하게 알아보겠습니다.

열정쌤 긍정이 너는 어떤 역할을 맡을래?

긍정이 저는 그럼 사진을 컴퓨터에다가 업로드하겠습니다!

열정쌤 좋아! 이렇게 선생님이 시키지 않아도 각자 자기가 할 일을 딱딱 이야기해 주니까 좋은걸? 앞으로도 이렇게 쌤이 이야기하기 전에 딱딱!! 할 수 있도록!!

긍정이 (경례를 하며) 충성! 맡겨만 주십시오! 최선을 다하겠습니다!

💡 이렇게 지도해 보세요

　1번, 꼼짝없이 가만히 앉아서 조용히 1시간 동안 듣기만 해야 하는 강연장. 2번, 잔잔한 노래가 흘러나오고 쾌적한 환경에서 음료수를 마시며 친구와 1시간 동안 떠들 수 있는 카페. 두 곳 중 어느 곳에 있는 것이 더 좋으신가요? 어느 곳의 1시간이 더 재미있을까요? 사람에 따라 다르겠지만 아마도 대부분의 사람은 2번을 선택할 것입니다.

　수업도 마찬가지 아닐까요? 교사가 혼자서만 떠드는 1시간의 수업과 학생들이 왁자지껄 떠들며 보내는 1시간의 수업. 학생들이라면 어떤 수업을 원할까요? 당연히 후자일 것입니다. 여기에서 수업을 재미있게 만드는 팁이 있습니다. 바로, 학생들이 수업 시간에 말을 많이 해야 한다는 것입니다. 교사가 주입식으로 수업을 한다면 학생들은 수동적으로 수업을 듣게 됩니다. 학생들은 자신의 생각이나 의견을 표현할 기회가 사라지기 때문에 수업에서 흥미를 잃게 됩니다. 학생들은 교실의 통제권이 교사에게 있다고 생각하게 되고 수업에 적극적으로 참여할 수 없게 됩니다.

　반대로 수업이 학생들이 직접 참여할 수 있는 형태라면 수업은 재미있어질 수 있습니다. 학생들의 선택권이 보장되고 자유로운 소통이 가능한 허용적인 분위기가 조성되는 교실에서 학생들은 수업의 주도권을 가지고 학습에 대한 동기를 부여받을 수 있습니다. 이러한 교실 분위기 속에서 학생들은 스스로 성장할 수 있는 능력을 키울 수 있습니다. 물론, 허용적이되 무한정 학생들이 마음대로 할 수 있는 것이 아닌 규칙을 꼭 지키는 것은 중요합니다.

최대한 학생들이 교실에서 많은 말들을 자유롭게 할 수 있도록 지도해 주세요. 그리고 학생들이 참여할 수 있는 활동들로 수업을 만들어 보세요. 수업은 자연스럽게 재미있어집니다. 그러한 수업을 교사로서 온전히 즐겨 보세요. 학생들이 선생님이 수업을 재미있게 즐기고 있다고 느끼게 된다면 학생들은 더 재미있게 느끼게 될 것입니다. 학생들이 수업을 재미있게 즐기고 있다는 느낌을 교사가 받게 된다면 교사는 더 나은 수업을 만들기 위한 동기부여가 됩니다. 수업을 마치고 학생들이 "선생님, 오늘 수업 재미있었어요."라는 말을 들을 수 있다는 것은 특수교사로서 정말 큰 기쁨일 것입니다.

수업 후 말할 수 있는 소감 표현 예시

- "선생님, 수업이 정말 재밌었어요. 다음에 한 번 더 해 보고 싶어요."
- "~했던 것이 가장 재미있었어요."
- "재미있는 활동을 준비해 주셔서 감사합니다."
- "친구들하고 함께하니까 더 즐거웠습니다."
- "시간이 조금 부족했어요. 다음에는 더 오래 해 보고 싶어요."

🧩 함께하면 더 좋은 의사소통 활동

- **제목**　　　우리 학교 '꽃도감' 만들기
- **준비물**　　핸드폰, 연습장, 필기도구
- **활동 방법**

① 교내에 피어 있는 다양한 꽃들을 찾아다니며 꽃의 이름을 찾아보고 우리 학교 '꽃도감'을 만들어 보는 활동이다.

② 교내를 돌아다니며 꽃을 찾고 핸드폰에서 'DAUM' 어플을 켠다(사진 촬영 후 네이버나 구글의 이미지 검색을 활용할 수도 있다).

③ '꽃검색'이라고 검색창에 입력하거나 검색창 오른쪽 맨 끝을 클릭하여 꽃 검색을 실행한다.

④ 꽃을 사진 촬영하여 이름을 알아내고 화면을 캡처하여 이름을 저장한다.

⑤ 나머지 학생들은 꽃을 다양하게 촬영하고 꽃의 특징을 살펴본 후 특징을 기록한다.

⑥ 교실로 돌아와 인터넷 검색을 통해 꽃의 특징을 찾아 기록과 비교해 본다.

⑦ 워드프로세서를 활용하여 간단하게 꽃도감을 만들어 본다.

- **도움말**

　학생들과 산책도 하면서 즐겁게 대화를 나눌 수 있는 활동입니다. 꽃 검색하는 사람, 사진 찍는 사람, 기록하는 사람 등 역할을 나누어 활동하고 역할을 변경해 가며 실시합니다. 교내에 꽃이 많지 않으면 교사가 미리 꽃 사진을 프린트하여 교내 곳곳에 숨겨 두어도 좋습니다. 교내를 돌아다니기 어려우면 교실 이곳저곳에 꽃 사진을 두고 같은 활동을 해도 괜찮습니다. 활동 방법에 제시된 어플을 활용하지 않고 사진 검색을 이용하거나 꽃도감을 활용하여 이름을 알아내는 것도 좋습니다. 학생들이 교내에 핀 꽃을 전수조사해서 꽃도감을 만들면 큰 성취감을 느낄 수 있을 것입니다. 학생들과 즐겁게 대화하며 꽃도감을 만들어 보세요! 학생들이 만든 꽃도감을 각반의 담임선생님이나 친구들에게 선물로 전달하는 활동으로 발전시켜도 좋습니다.

꽃 검색 활동 예시

| 'DAUM' 어플에서 꽃 검색을 실시한 화면 | 사진을 촬영하면 꽃의 이름이 나타남 |

WEEK 2
말하기 연습

월요일 헤어질 때 인사말 표현하기
화요일 친구에게 미안하다고 사과하기
수요일 음식을 드리며 적절한 말하기
목요일 내가 만든 음식 권유하기
금요일 선생님과 친구에게 안부 묻기

2주차 월요일

DAY 6
좋은 주말 보내세요

헤어질 때 인사말 표현하기

이번 시간은 헤어질 때 할 수 있는 인사말과 관련한 내용을 담았습니다. 헤어질 때는 "안녕히 계세요."와 같이 흔한 말들을 할 수도 있지만, 상황과 맥락에 적절하면서 상대방의 기분을 좋게 해 주는 말을 할 수 있다면 조금 더 서로의 관계를 좋게 만들어 주는 대화가 가능해집니다. 이번 시간의 연습으로 특수교육대상학생들이 헤어질 때 할 수 있는 다양한 인사말들을 할 수 있기를 바랍니다.

대본을 보고 역할극을 해 봐요

금요일 수업을 마친 후 하교를 앞두고 있다.

열정쌤 자~ 이번 주도 모두 공부하느라 고생했어요.
학생 일동 네~
열정쌤 이제 집에 갈 준비합시다. 다들 놓고 가는 것 없는지 다시 한번 살펴보세요.
학생 일동 네~
열정쌤 우리 긍정이는 주말에 뭐 할 거니?
긍정이 저는 이번 주말에 부모님하고 외할머니가 계시는 시골에 갈 것 같아요.
열정쌤 그렇구나. 시골에 가서 뭐 할 거야?
긍정이 시골에 외할머니 밭이 있거든요. 거기서 방울토마토도 따고 옥수수도 따서 먹으려고요.
열정쌤 와~ 정말 재밌겠는 걸. 좋겠다. 잘 다녀오렴. 쌤도 옥수수 좋아하니까 참고하고~
긍정이 아~ 옥수수 좋아하시는구나.
열정쌤 응. 선생님 옥수수 킬러야.
긍정이 (딴청을 피우며) 아~ 그러시구나~
열정쌤 옥수수 킬러라니까?
긍정이 네. 알겠어요. 옥수수 킬러! (웃으며) 그러니까 하나 갖고 오란 말씀이시죠?
열정쌤 하하. 장난이야. 하늘이는 주말에 뭐 할 거니?
하늘이 전 그냥 집에 있을 것 같아요. 게임해야죠. 헤헤.
열정쌤 그래. 게임 너무 많이 하지 말고 적당히 하는 거 알지?

하늘이 저 많이 안 해요~

열정쌤 몇 시까지 하는데?

하늘이 한 9시? 10시? (생각하다가) 10시가 되면 컴퓨터 무조건 꺼요.

열정쌤 그래. 게임하다가 적당히 눈치껏 그만두고 그래야지 부모님도 걱정 안 하시는 거야.

하늘이 알겠습니다. 선생님은 주말에 뭐 하세요?

열정쌤 쌤은 방콕 갈 거야~

하늘이 방콕이요!? 거기가 어디예요?

열정쌤 방콕 안 가 봤어? 방에~ 콕! 그냥 집에 있는다고. 하하하.

하늘이 와~ 이게 바로 아재 개그란 건가요?

열정쌤 (말을 돌리며) 자, 다들 모두 집에 갈 준비 됐죠? 지금 밖에 비 오니까 날씨 조심해서 집에 가도록 해요. 뛰지 말고 천천히 가도록 해요.

긍정이 네. 선생님 선생님도 조심히 퇴근하세요. 비 오니까 운전 조심하세요.

열정쌤 그래. 알았어. 고마워. 조심해서 가~

하늘이 선생님. 안녕히 계세요. 좋은 주말 보내세요.

열정쌤 그래. 너희들 모두 좋은 주말 보내고 다음 주에 보자.

긍정이 하늘아, 조심해서 가. 주말 잘 보내.

하늘이 고마워. 긍정아 너도 좋은 주말 보내~ 안녕.

 **이렇게 지도해 보세요**

"안녕히 계세요." "안녕." 혹은 "잘 가."와 같이 흔하게 할 수 있는 인사말이 아닌 헤어질 때의 상황과 맥락을 고려한 인사말을 할 수 있도록 지도해 보는 건 어떨까요? 이러한 인사말들은 상대방의 호감을 얻을 수 있고 상대방에게 자신의 이미지를 긍정적으로 형성할 수 있습니다.

헤어지는 상황과 맥락	적절한 말하기 예시
주말을 앞두고 헤어질 때	"주말 잘 보내세요."
날씨가 좋지 않을 때	"날씨 조심해서 가세요."
어른이나 타인이 자동차로 태워 줬을 때	"태워 주셔서 감사합니다. 운전 조심해서 가세요."
식사를 함께하고 헤어질 때	"음식이 너무 맛있었습니다. 조심히 가세요."
함께 운동이나 일을 하고 난 후 헤어질 때	"고생 많으셨습니다." "수고하셨습니다."
저녁에 헤어질 때	"좋은 저녁 되세요."
오랫동안 헤어져야 할 때	"다시 볼 때까지 건강하세요."

상황과 맥락에 따라 적절한 인사말을 연습하기 위해서는 동화책, 드라마, 영화 등을 시청하며 다양한 상황 속에서 주인공들이 하는 대화법들을 관찰을 통해 배울 수 있습니다. 또는 연극이나 뮤지컬 등을 구경하거나 상황극과 같이 직접 참여해 보는 경험을 많이 쌓아야 합니다.

함께하면 더 좋은 의사소통 활동

- **제목**   몸으로 표현하는 인사
- **준비물**   인사말의 낱글자들이 쓰인 활동판(예시 참조)
- **활동 방법**

① 활동판에는 헤어지는 상황에 적절한 말하기 예시를 낱글자로 적는다.
(예: 1. 주말 잘 보내세요. 2. 조심히 가세요. 3. 좋은 저녁 되세요. 4. 수고하셨습니다.)

② [1단계] 교사가 제시하는 상황을 듣고 상황에 적절한 글자를 찾아 순서대로 양발을 번갈아 가며 활동판 위로 옮겨서 이동한다. 단, 글자 한 개를 밟을 때마다 글자를 읽어야 한다. 글자 순서대로 올바르게 문장을 완성하면 성공!

③ [2단계] 1단계와 규칙은 동일하나 한 발로 이동한다.

④ [3단계] 문장을 만들며 이동하되 글자에 적혀 있는 그림의 모양대로 손과 발을 활동판에 대면서 이동한다.

- **활동판 예시**

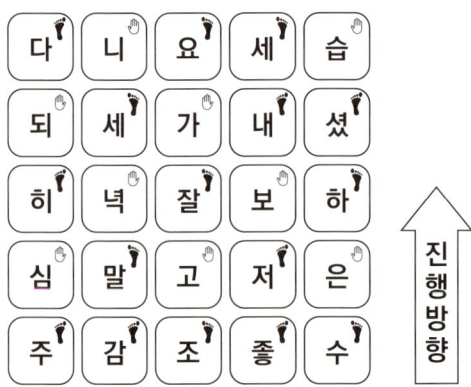

2주차 화요일

DAY 7
미안해, 내 사과를 받아 줘!

친구에게 미안하다고 사과하기

"미안해." "용서해 줘."라는 사과의 말을 먼저 하는 건 매우 어렵습니다. 하지만 자기 잘못을 먼저 인정하고 사과하는 것은 용기 있고 멋진 행동입니다. 누구든 진심을 담은 사과를 받게 되면 화났던 감정은 사라지고 자신도 미안하다고 느끼게 됩니다. 이번 시간에 학습할 내용은 학생들이 사과할 때 "미안해."라고 말하도록 지도하는 것뿐만 아니라 상대방의 마음을 잘 헤아릴 수 있고, 사과하는 마음이 더 잘 전달될 수 있도록 말하는 방법입니다.

대본을 보고 역할극을 해 봐요

가람이가 재활용 쓰레기를 비우러 가는 길에 진형이와 부딪혔는데 진형이는 짜증을 내고 가람이는 욕을 하고 헤어진 상황이다.

가람이 (짜증 난 목소리로) 쌤! 좀 전에 복도에서 진형이랑 부딪혔는데 사과도 안 하고 짜증만 내고 그냥 갔어요.

지혜쌤 그랬구나. 다치지는 않았어? 왜 이렇게 화가 났어?

가람이 네. 다치지는 않았는데 진형이가 짜증 나게 해서요. 복도에서 뛰어다니다 부딪혔는데 저한테 화만 내고, 너무하는 것 아니에요?

지혜쌤 진형이가 화를 냈다고?

가람이 네. 맞아요. 자기가 잘못했는데 화를 냈어요.

지혜쌤 그래? 너는 어떻게 했니?

가람이 저요? 화가 나서 욕이 나왔어요. 들고 있던 게 많아서 거기에 신경 쓰느라 앞을 못 보긴 했는데 그래도 복도에서 뛰면 안 되잖아요? 가만있지 않을 거예요.

지혜쌤 가람이가 진형이에게 욕을 했어?

가람이 (조금 작은 목소리로) 네. 저도 모르게 욕이 나왔어요.

지혜쌤 가람아, 선생님이 네 말을 들어 보면 진형이도 잘못을 한 것 같긴 한데 가람이가 욕을 한 것도 잘못된 행동 같아.

가람이 그런데 진형이가 먼저 저한테 짜증을 냈어요.

지혜쌤 진형이가 사과도 안 하고 그냥 간 것은 서운할 수 있지만 그래도 가람이가 진형이에게 욕을 한 것은 가람이가 실수한 것 같아. 서로 잘 사과하고 넘어가는 건 어떨까?

가람이 진형이가 먼저 사과해야죠!

지혜쌤 음…. 선생님이 진형이한테도 물어볼게. 그런데 혹시, 가람이가 먼저 진형이를 만나서 좀 전의 일에 대해 말해 보고 사과를 먼저 해 보는 건 어때?

가람이 (망설이며) 네? 제가요?

지혜쌤 가람이도 잘못한 게 있으니까. 먼저 사과를 하면 진형이도 자기 잘못에 대해 인정할지도 몰라.

가람이 그런데 지금은 아니고 나중에 할게요.

지혜쌤 가람아, 사과는 최대한 빨리 하는 게 좋아. 그래야 화난 감정이 오래가지 않고 서운한 마음도 빨리 풀 수 있어.

가람이 정말요? 그런데 저도 아직 화가 풀리지 않았는데요.

지혜쌤 세 번만 크게 심호흡해 볼래?

가람이 (크게 심호흡을 하고) 조금 괜찮아졌어요.

지혜쌤 조금 마음을 가라앉히고 다시 이야기할까?

가람이 음…. 선생님. 생각해 봤는데 제가 욕한 것은 잘못한 것이긴 하니까 제가 먼저 사과할게요.

지혜쌤 그래. 그런 모습은 정말 용기 있는 모습이야.

선생님과 이야기를 나눈 후 교실로 돌아온 가람이는 진형이가 있는 자리로 가서 진형이에게 말을 건넨다.

가람이 (진형이에게 다가가) 진형아, 좀 전에 화 많이 났지? 욕해서 미안해.

진형이 (당황한 표정으로) 어?

가람이 내가 재활용품을 들고 가다가 널 못 보고 부딪혔어. 그리고 화가 나서 나도 모르게 욕이 나왔어. 미안해.

진형이 아. 아까 부딪힌 거 말하는 거지. 괜찮아. 나도 너한테 짜증 냈는걸, 뭐. 나도 미안해. 화장실에 급하게 가느라.

가람이 아깐 부딪혀서 쓰레기가 흩어지니까 짜증이 났던 것 같아. 내가 조심해야 했는데 욕부터 해서 미안해.

진형이 아니야, 나도 잘못했지, 뭐. 게다가 바닥에 떨어진 쓰레기도 안 줍고 뛰어갔잖아. 내가 더 미안해.

가람이 진형아, 내 사과를 받아 줘서 고마워. 혹시나 계속 화를 내면 어쩌나 걱정했거든. 헤헤.

진형이 나도 고마워, 먼저 사과해 줘서. 앞으로는 조심할게.

💡 이렇게 지도해 보세요

화나고 원망하는 감정을 가라앉히고 나를 되돌아보며 자기가 잘못한 점을 먼저 인정하고 용서를 구하는 행동이 사과입니다. 단순히 미안하다고만 말하는 것이 아니라 사과에는 진심을 담아야 합니다. 따라서 특수교육대상학생들에게 그냥 "미안해!"라고 말하도록 지도하는 것이 아니라 사과를 잘하는 방법을 자세히 지도할 필요가 있습니다. 그래야 나의 사과가 상대방에게 제대로 전달될 수 있습니다. 사과를 잘하는 방법으로는 다섯 가지가 있습니다.

첫째, 사과는 빨리합니다. 잘못한 것을 알게 되면 최대한 빨리 사과해야 합니다. 상황을 피하고 싶어도 빨리 사과할 수 있어야 합니다. 둘째, 상대에게 직접 사과합니다. 다른 사람을 통해서가 아니라 상대를 직접 만나 사과해야 마음을 전할 수 있고 자연스러운 분위기를 만드는 데 도움이 됩니다. 셋째, 자신의 잘못을 인정하며 사과합니다. 명확히 자신의 잘못을 정의하고 인정하며 시작합니다. 넷째, 다시는 그러지 않겠다고 약속하는 것이 중요합니다. 다섯째, 상대방이 충분하다고 할 때까지 사과합니다. 상대방의 상한 마음을 풀어 주기 위해 충분하다고 느낄 때까지 사과해야 합니다.

사과할 때 하지 말아야 할 말로는 "기분 풀어." "나 용서해 줘."와 같은 말입니다. 이러한 말은 상대방을 고려하지 않고 내가 상대의 감정을 바꾸려고 하는 말입니다. 충분히 사과한 후에는 이런 말이 도움이 될지 모르지만, 사과의 뜻이 전달되지 않은 상황에서는 무례하게 느껴질 수 있으니 조심해야 합니다.

🧩 함께하면 더 좋은 의사소통 활동

- **제목**   내 사과를 받아 주오
- **인원**   학급 인원 전원
- **준비물**   색지(A4용지 규격), 색연필, 사인펜, 음원(노래)
- **활동 방법**

① 친구, 가족, 선생님 등 누군가에게 사과하고 싶은 내용을 라디오에 보낼 사연을 쓰듯 편지를 쓴다(익명, 별명 가능).
② 사연을 적은 마지막 부분에 신청곡을 함께 적는다.
③ 사연을 적은 색지를 접어 종이비행기를 만든다.
④ 각자의 종이비행기를 칠판이나 앞쪽을 향해 날린다.
⑤ 라디오 DJ를 정한다(교사가 대신할 수 있다).
⑥ 라디오 DJ가 사연이 적힌 종이비행기를 골라 사연을 읽고 신청곡을 음원에서 찾아 노래를 튼다.
⑦ 활동이 끝나고 서로 느낌을 나누며 마무리한다.

- **도움말**

　이 활동은 학생들이 쑥스럽고 어색해 마음속 깊이 담아 두었던 미안함을 익명 또는 가명으로 드러내어 사과하는 경험을 할 수 있도록 하는 활동입니다. 자신의 감정을 적절한 단어나 문장으로 표현하기 어려운 학생의 경우 AAC 활용, 그림 그리기, 말로 표현하고 선생님이 받아 적기 등 어떠한 방법도 좋습니다. 미안함, 고마움, 슬픔, 기쁨 등 자신의 마음속에서 일어나는 감정을 알아차리고 표현하는 활동에 활용할 수 있습니다.

2주차 수요일

DAY 8

선생님을 위해 만들었어요 맛있게 드세요

선생님께 음식을 드리며 적절한 말하기

특수학급에서는 간단한 요리를 만드는 경우가 많습니다. 때로는 만든 요리를 교장실이나 교무실, 행정실 같은 곳에 배달하곤 하는데요. 이때 상대방의 기분이 좋아지는 인사말을 함께 건넬 수 있습니다. 오늘 학습할 내용은 요리 활동 시간에 선생님께 드릴 음식을 만들고 예의 바른 인사말을 건네 보는 내용으로 구성됩니다. 그리고 상대방에 따른 식사 인사말을 연습해 보시기 바랍니다.

대본을 보고 역할극을 해 봐요

특수학급의 즐거운 요리 활동 시간, 다 같이 또띠아 피자를 만들고 있다.

지혜쌤 다들 열심히 만들고 있어?
영욱이 네!!!
지혜쌤 선생님이 먹을 피자도 만들어 줄 사람~!
영욱이 저요! 제가 만들어 드릴게요.
지혜쌤 좋아. 영욱이가 한번 만들어 줘.
영욱이 치즈 많이 넣어 드릴까요?
지혜쌤 좋지~ 야채도 많이 넣어 줘~
영욱이 네!! 야채 많이많이 넣을게요.
지혜쌤 야채 피자 맛있겠다. 다 만든 사람은 앞으로 가져오면 선생님이 오븐에 구워 줄게!
영욱이 쌤! 제 것 완성해서 여기 앞에다 둘게요~!
지혜쌤 그래, 영욱이 것부터 구워 줄게.
영욱이 네, 선생님 것도 거의 다 만들었어요. 치즈만 뿌리면 끝! 쌤! 벌써 맛있는 냄새 나요~
지혜쌤 그렇네, 영욱아, 그런데 혹시 한 개 더 만들어서 담임선생님을 가져다 드리는 건 어떨까?
영욱이 아~ 그것도 좋죠! 그럼 담임선생님 거는 페퍼로니랑 소시지를 많이 넣어야겠어요. 담임선생님이 고기를 좋아하신댔어요.

지혜쌤 그래 좋아~ 담임선생님이 좋아하시겠다. 우리 영욱이 피자가게 해도 되겠어~ 피자를 정말 잘 만드는데?
영욱이 저는 요리가 재밌어요. 직접 만드니까 제가 좋아하는 재료 많이 넣을 수 있고 정말 좋아요.
지혜쌤 우리 영욱이는 요리 활동을 제일 재밌어하는 것 같아.
영욱이 맞아요! 쌤! 전 앞으로 피자가게 사장이 되어야겠어요. 많이 만들어서 제가 다 먹어 버리게요.
지혜쌤 하하하!

오븐에 넣은 피자가 다 구워져 완성되었다.

영욱이 쌤! 우리가 만든 피자 다 익었어요. 우리 빨리 먹어요!
지혜쌤 다들 손 씻었지?
영욱이 네! 진짜 맛있겠다. 잘 먹겠습니다!
지혜쌤 그래. 영욱아~ 날 위해서 만들어 준 피자는 어디 있지?
영욱이 야채 많은 피자 여기 있어요! 선생님을 위해 만들었어요. 맛있게 드세요~
지혜쌤 우리 영욱이는 말도 참 예쁘게 해~ 진짜 고마워. 잘 먹을게! 영욱이가 만들어 줘서 더 맛있을 것 같아.
영욱이 네! 쌤, 담임선생님 거는 어떻게 할까요?
지혜쌤 음…. 식으면 맛없으니까 지금 담임선생님 가져다드리는 게 좋을 것 같아.
영욱이 네. 지금 갈까요?
지혜쌤 교무실에 계시니까 지금 드리면 교무실에 다른 선생님들도 같이 드실 거야. 얼른 갔다 와.

영욱이 알겠습니다.

영욱이가 교무실로 들어가서 담임선생님에게로 간다.

영욱이 (피자를 내밀며) 선생님~ 이거요.
담임쌤 응? 영욱아 왜? 이게 뭐야? 냄새 좋다~
영욱이 이거 저희 지금 요리 실습으로 만든 피자예요.
담임쌤 피자라고? 맛있겠다~
영욱이 선생님을 위해서 만들었어요. 맛있게 드세요.
담임쌤 진짜야?
영욱이 네, 맞아요. 선생님 고기 좋아하시니까 일부러 페퍼로니랑 소시지를 많이 넣었어요.
담임쌤 와~ 진짜구나. 영욱이 센스 짱! 안 그래도 배고팠는데!
영욱이 감사합니다.
담임쌤 네가 먹을 거는 있는 거야?
영욱이 네, 있어요. 얼른 가서 먹어야 돼요! 먹기 전에 배달 왔어요, 선생님.
담임쌤 (당황하며) 아! 그래 얼른 가~ 고마워 영욱아! 잘 먹을게!
영욱이 네. 감사합니다. 다른 쌤들하고 나눠서 드세요.
담임쌤 알았어~

💡 이렇게 지도해 보세요

  우리는 흔히 주변 사람들과 음식을 같이 먹거나 음식으로 자신의 마음을 표현하기도 합니다. 음식을 통해 서로의 정을 느낄 수 있고 상대방에게 호감을 살 수 있습니다. 음식과 더불어 예의 바른 인사말을 건넨다면 더욱 기분 좋은 식사 시간이 될 것입니다.

  특수교육대상학생에게 식사 인사말을 지도할 때 상대방에 따른 다양하게 말할 수 있음을 지도해 주세요. 보통 나이가 어린 동생부터 또래, 할머니, 할아버지까지 다양한 나이를 가진 사람과 함께 음식을 먹기 때문에 다양한 식사 인사말을 알고 있는 것이 좋습니다. 특히 어른들에게는 높임 표현을 사용한 인사말을 할 수 있도록 지도해 주세요.

연령에 따른 식사 인사말 예시	
또래나 동생에게 말할 때	어른에게 말할 때
- "맛있게 먹어." - "많이 먹어." - "잘 먹을게." - "밥 먹었어?" - "천천히 먹어." - "꼭꼭 씹어서 먹어." - "조심해서 먹어."	- "맛있게 드세요." - "많이 드세요." - "잘 먹겠습니다." - "식사 맛있게 하세요." - "진지 맛있게 드세요." - "진지 잡수세요." - "식사하셨어요?"

🧩 함께하면 더 좋은 의사소통 활동

- **제목**   음식을 말해 봐
- **준비물**   고기 사진(돼지고기, 닭고기, 소고기 등)
- **활동 방법**

① 2~3팀으로 구성한 후 고기 사진 제비뽑기를 하여 한 팀씩 제비를 뽑는다.
③ 첫 번째 팀원은 모두 앞으로 나와 자신들이 뽑은 고기 사진을 확인한다.
④ 시간을 정해 타이머를 맞춘 후 뽑은 고기 사진으로 만들 수 있는 음식을 자유롭게 말한다.
(예: 닭고기 사진을 뽑은 팀원이 앞으로 나오면 교사는 "닭고기로 만들 수 있는 음식은?"이라고 질문한다. 질문이 끝나면 팀원들은 생각나는 음식을 자유롭게 말하고 교사는 개수를 센다. 타이머를 3분으로 세팅하고 타이머가 울리면 끝난다.)
⑤ 가장 많은 음식을 말한 팀이 우승한다.

고기를 이용한 다양한 음식의 예시	
돼지고기	김치찌개, 제육볶음, 삼겹살, 돼지갈비, 갈비찜, 수육, 국밥, 동그랑땡, 닭꼬치, 만두, 등뼈찜, 감자탕, 카레 등
닭고기	치킨, 찜닭, 닭볶음탕, 삼계탕, 치킨 너겟, 닭갈비, 닭칼국수, 닭강정, 유린기, 불닭 등
소고기	스테이크, 소갈비찜, 육전, 소고기 무국, 소고기 미역국, 소불고기, 소고기 장조림 등

● **도움말**

　처음에는 다양한 고기 종류로 만들 수 있는 여러 가지 음식들에 대해 이야기를 충분히 나누어서 특수교육대상학생들이 쉽게 말할 수 있도록 지도하면 좋습니다. 학생들이 자신의 경험을 바탕으로 음식 메뉴를 이야기할 수 있도록 지도하면 더욱 적극적인 참여를 유도할 수 있습니다. 학생들이 음식의 종류를 말하기 어려워할 때는 다양한 음식 사진을 미리 준비해 놓고 음식의 재료를 추측해 보며 이야기해 보는 활동도 좋습니다.

　고기 사진 대신에 중식, 양식, 한식 사진을 준비하고 같은 방법으로 활동을 진행할 수 있습니다(예: 중식의 종류는?, 한식의 종류는?).
　혹은 고추장, 간장, 된장 같은 소스를 가지고 같은 방법으로 활동을 해도 즐겁게 말하기 활동을 할 수 있습니다.

2주차 목요일

DAY 9

이거 같이 먹을래?

친구에게 내가 만든 음식 권유하기

"콩 한 쪽도 나눠 먹는다." "먹는 거로 치사하게." 이런 말을 들어 보셨을 겁니다. 우리나라에는 음식과 관련된 속담이나 말이 매우 많습니다. 이는 한국 사회에서 음식을 같이 나누어 먹는다는 것은 사회적·문화적으로 매우 중요한 의미가 있다는 것을 보여 줍니다. 친구 사이에서도 음식을 나누어 먹으면 관계가 돈독해질 수 있어서 음식을 권유하는 말하기는 매우 중요합니다. 오늘 학습할 내용은 음식을 같이 나누어 먹는 일상 예절에 관한 내용입니다.

대본을 보고 역할극을 해 봐요

학교 제과제빵 수업 시간에 마카롱을 만든 후 학생들이 자신이 만든 마카롱을 먹어 보고 있다.

준성 (아쉬운 표정으로 자신이 만든 마카롱을 보며) 악! 실패한 거 같아! 내가 만든 초콜릿 마카롱 이상한데!

승민 잘 해 봐~ 이게 뭐 어렵다고 그러니?

준성 아~ 옆구리 찌그러졌네~

승민 (위로하듯) 아냐~ 괜찮아 보이는데!

준성 억지로 위로하지 마. 내가 봐도 망한 거 같아.

승민 모양이 뭐가 중요해~ (영화 대사 흉내를 내며) 뭣이 중헌디? 뱃속에 들어가면 다 똑같아~

준성 그건 그렇긴 하지, 크크크.

승민 선생님이 자기가 만든 거 어떤지 먹어 보라고 하셨으니까 우선 한번 잡숴! 일단 한번 잡숴 봐! 막상 먹으면 맛있을 수도 있잖아~

준성 (자신이 만든 마카롱을 먹으며) 음….

승민 (궁금하다는 표정으로) 왜? 맛이 어때?

준성 (인상을 쓰며) 윽…. 맛이 왜 이러지? 내가 똥손이라 맛이 없는 건가? 크림은 묽어서 손에 막 흘러내려. 망한 것 같지만 이거 같이 먹을래?

승민 그래, 너의 망한 마카롱을 놓칠 수 없지. 먹어 보겠어! (마카롱을 먹어 보고 나서 무슨 말인지 알겠다는 듯 씨익 웃으며) 먹을 만하네~ 크림이 묽은 것도 나쁘지 않은데. 오히려 부드러운 느낌이야.

준성 완전 실패 같은데….

승민 선생님 것과 같지는 않지만, 실패는 아닌 거 같아. 나름 스타일 있는데~! 다음에는 선생님이 알려 주신 대로 만들면 되지, 뭐. 그리고 같이 재미있게 만들었잖아. 그거면 되지~

준성 (기분 좋아진 표정으로) 그래? 그렇게 말해 줘서 고마워. 어차피 배 속에 들어가면 다 똑같으니까, 하하하.

승민 그럼 그럼.

준성 그럼. 녹차 맛 마카롱 먹어 봐 봐. 이건 너에게만 맛보게 해 주겠어! (마카롱을 건네준다)

승민 (마카롱을 받으며 웃으며) 나 기미상궁이야? 흐흐…. 알았어! 먹어 볼게!

준성 (궁금하다는 듯이) 어때?

승민 (먹어 보며) 오~ 이거 정말 맛있는데! 왜 실패라고 한 거야~!

준성 정말? 다행이다! 그럼 이거 같이 먹을래?

승민 좋지!

준성 승민아, 네가 만든 건 어때? 나도 한번 먹어 보자.

승민 응? 내가 만든 건 좀…. 그런데?

준성 왜? 나도 망했는데 맛있게 먹었잖아. 네 것도 한번 먹어 봐야지.

승민 아니야. 난 추천하지 않을게. 후회할 수도 있어.

준성 왜 그러냐. 너 네 마카롱 나눠 주기 싫어서 그런 거냐?

승민 음…. 후회 안 할 자신 있지?

준성 아~ 이거 왜 이러셔! 얼른 가져와 봐~ 이거야? (진한 녹색 마카롱을 가리킨다)

승민 응. 그거 맞긴 한데….

준성 내가~ 먹어 본다니까! (마카롱을 덥석 집어 들어 입에 넣는다)

승민 헉!

준성 (화들짝 놀라며) 우왁!!!! 이거 뭐야!!! (마카롱을 뱉는다)

승민 크크크. 내가 후회할 거라고 했잖아. 난 책임 없다!

준성 너 미쳤어? 이거 고추냉이잖아!!! 고추냉이를 크림 대신 넣는 사람이 어디 있어! 아오!! 매워!!!

승민 (웃으며) 그 사람이 바로 나~야~~~~!

이렇게 지도해 보세요

'음식을 나누어 먹는다.'라는 것은 사회적 관계에서 기본적인 예절로 서로에 대한 친밀감을 확인하는 수단이기도 하고 다른 사람에 대한 관심과 배려의 표현이기도 합니다. 그럼 음식을 같이 나누어 먹도록 어떻게 지도하면 좋을까요? 먼저 혼자 먹지 말고 "이거 같이 먹을래?"와 같은 권유하는 말과 함께 상대방의 의견을 확인하라고 알려 주세요. 상대방이 승낙했다면 먹을 사람이 부담스러워하지 않을 정도의 적당한 양을 나누어 주는 것도 중요합니다. 이때 음식의 위생과 안전을 고려하여 음식에 손이 닿지 않도록 주의하도록 안내해 주세요. 양념장에 손가락 모양이 남아 있다거나 국에 엄지손가락을 푹 담갔다 뺀다면 3초 이내에 뺐더라도 유쾌하지 않을 수 있습니다. 반대로 음식을 같이 먹자는 권유를 받았을 때는 "감사합니다." 또는 "고마워."라는 말로 상대방의 배려에 고마움을 표현하는 법을 지도해 주세요.

오늘 내용에서는 친구가 마카롱을 망쳤다고 말하는 내용이 나옵니다. 이처럼 누군가가 "망했어!"와 같이 말을 할 때 중요한 것은 그 사람을 이해하고 공감하는 마음으로 말을 건네고 긍정적인 에너지를 전달해 주는 것입니다. 영혼 없이 "괜찮아." "안 망했어."라고 말하는 것은 '내가 봐도 망한 것 같지만 네가 좌절한 것처럼 보이니 괜찮다고 말해 주는 거야.'라는 말과 다름없다는 것을 이해시켜 주세요.

마카롱 만들기가 "망했다!"라고 말하는 친구에게 마음을 담아 할 수 있는 말들	
공감	"마카롱 처음 만드는데 어려운 게 당연해. 나도 만들기 어렵더라고. 다음엔 같이 만들어 보자."
긍정적 격려	"마카롱 만들기 어렵던데. 너 정말 열심히 집중해서 하더라. 분명 다음에는 더 잘 만들 수 있을 거야. 너랑 같이 만드니까 정말 재미있었어."
자신감을 향상시켜 주는 말	"망치거나 실패하는 건 누구에게나 있는 일이야. 다음에 더 잘할 수 있을 거야. 네가 끝까지 만들어서 정말 멋지다고 생각해."

추가로, 선생님께나 부모님께도 음식을 먹기 전에 "이것 좀 같이 드실래요?"라고 음식을 권하는 말을 할 수 있도록 알려 준다면 예의 바른 학생이 될 수 있답니다.

🧩 함께하면 더 좋은 의사소통 활동

- **제목**   이거 같이 먹을래?
- **준비물**   간식 그림 카드, 다양한 간식
- **활동 시간** 5분
- **활동 방법**

① 다양한 간식 그림과 이름이 적힌 판을 준비한다.
② 두 학생이 마주 보고 앉는다. 또 다른 학생 한 명이 그림판을 뒤집어 주는 진행자 역할을 한다.
③ 진행하는 학생이 그림판을 뒤집으며 "이거 같이 먹을래?"라고 말하면 두 학생은 즉시 동시에 "그래." 또는 "아니."라고 대답한다. 다른 형태의 대답은 허용하지 않는다.
④ 두 학생 모두 "그래."라고 같은 대답을 했다면 두 학생은 교사에게 와서 그림과 같은 실제 간식과 바꾸고 "이거 같이 먹자."라고 말한 뒤 나눠 먹는다.
⑤ 두 사람의 대답이 달랐다면 짝을 바꿔 다시 게임을 시작한다.

- **도움말**

 책상 위에 간식 그림 카드를 펼쳐 놓고 질문하는 학생을 한 명 정합니다. 학생이 그림 하나를 집어 들며 "이거 같이 먹을래?"라는 말을 하면 가장 빨리 같은 간식 그림 카드를 찾아 들고 "그래."라고 대답하는 학생에게 간식을 주는 스피드 게임도 재미있어요. 간식 그림은 호불호가 있는 음식들로 준비하면 더욱 재미있게 활동을 진행할 수 있습니다. (예: 약과, 호박죽, 한과 등)

2주차 금요일

DAY 10

잘 지냈어? 어떻게 지냈어?

개학식 날 선생님과 친구에게 안부 묻기

오랜만에 아는 사람을 만났을 때는 반갑게 안부 인사를 하곤 합니다. 이는 상대방에 대한 관심의 표현이기 때문에 안부 인사는 매우 중요합니다. 오늘은 방학이 끝나 학교에 간 특수학급 학생들과 교사가 자연스럽게 나눌 수 있는 대화로 구성됩니다. 서로에게 안부를 물으며 관계가 더욱 돈독해지는 경험을 할 수 있기를 바랍니다.

대본을 보고 역할극을 해 봐요

개학식 날, 오랜만에 만난 선생님과 아이들이 학급에 모여 있다.

유진이 (반가운 표정으로) 수진아 오랜만이야.

수진이 안녕, 잘 지냈어?

유진이 응. 잘 지냈어. 너는?

수진이 응. 나도 잘 지냈어.

유진이 방학 때 어디 놀러 갔다 왔어?

수진이 (3초 정도 생각한 후) 음, 나는 놀이공원 갔다 왔는데. 너는 어떻게 지냈어?

유진이 우와 놀이공원?! 어디로 갔어? 재밌었겠다~

수진이 거기 서울에 있는 거 있잖아, 왜. 롯데월드.

유진이 아! 롯데월드! 거기 좋지! 부럽다~ 거기서 뭐 탔어?

수진이 응. 이름은 잘 생각 안 나는데 보트 같은 거 타고 물 위에 떠다니는 거랑, 아! 그거! 바이킹! 그것도 탔어~

유진이 헉! 난 바이킹 무서워서 못 타는데. 그래도 나도 거기 가고 싶다. 힝~

수진이 우리 반 현장체험학습 때 놀이공원 가자고 선생님한테 말해 보자!

유진이 그래, 좋아 좋아.

수진이 그나저나 넌 방학 때 어디 놀러 갔다 온 데 없어?

유진이 나는 가족들이랑 바닷가에 놀러 갔어. 사람들 진짜 많더라.

수진이 바다 갔어? 수영도 했어?

유진이 응응, 동생이랑 시합도 했어!

수진이 　재밌었겠다. 바다 좋지~ 네 얘기 들으니까 나도 바다 가고 싶다.

유진이 　우리 반 현장체험학습 바다로 가자고 얘기해 보자.

수진이 　2학기 때 우리 반 갈 데 많네. 하하. 과연 갈 수 있을까?

유진이 　선생님은 어떻게 지내셨을까?

수진이 　한번 여쭤볼까?

수진이가 책상에서 컴퓨터를 하고 있는 선생님에게 다가가서 말을 건다.

수진이 　선생님, 방학 때 어떻게 지내셨어요?

지혜쌤 　선생님은 방학 때 여수로 여행 다녀왔어. 너희 여수 가 봤니?

유진이 　여수요? 안 가 봤는데…. 여수에서 뭐 하셨어요?

지혜쌤 　밤바다에서 길거리 마술쇼를 하더라고! 재미있었어~
　　　　사람도 엄청 많았지.

유진이 　우와~ 마술쇼 저도 보고 싶은데.

지혜쌤 　선생님이 영상 찍어 왔는데 보여 줄까?

유진이 　(놀라며) 네! 보여 주세요!!

지혜쌤 　그래, 같이 보자. 우리 수진이, 유진이가 선생님이 어떻게 지냈는지
　　　　궁금해하고! 안부 물어봐 줘서 고마워.

이렇게 지도해 보세요

"잘 지냈어? 어떻게 지냈어?" 오랜만에 반가운 사람을 만나 안부를 묻는 인사말입니다. '안부'라는 용어 자체는 아이들에게 생소하게 느껴질 수도 있고 그 개념을 완전하기 이해하기는 어려울 수 있습니다. 따라서 특수교육대상학생이 안부 인사말을 자연스러운 상황에서 반복적으로 경험하도록 해야 합니다. 안부를 실제적으로 학습할 수 있도록 하는 것이 효과적이기 때문입니다.

친구를 오랜만에 만났을 때 할 수 있는 안부 묻기 예시
- "오랜만이야. 잘 지냈어?" - "어떻게 지냈어? 별일 없었어?" - "다시 만나서 너무 반가워. 어떻게 지내는지 궁금했어." - "잘 지냈어? 요즘 뭐 하고 지내?" - "가족들은 별일 없이 잘 지내고 계셔?"

매주 월요일 아침 활동 시간을 활용하여 안부를 묻는 경험을 제공해 주세요. 교사가 학생들에게 "주말에 잘 지냈나요?" "주말에 무엇을 했는지 친구들에게 말해 줄 친구 있나요?"와 같은 발문을 사용하여 자연스럽게 서로의 안부를 주고받을 수 있는 환경을 조성하면 됩니다. 오랜 시간 동안 지속적이고 반복적으로 안부를 주고받는 시간을 가진다면 학생들은 안부의 개념을 더욱 쉽게 이해하고, 일상에서도 자연스럽게 안부를 주고받을 수 있을 것입니다.

 함께하면 더 좋은 의사소통 활동

- **제목**   당·주·보(당신은 주말을 잘 보내셨습니까?)
- **인원**   10명 내외
- **준비물**   의자
- **활동 방법**

① 참여자 수보다 1개 적은 수의 의자를 원 대형으로 배치한다.
② 술래 한 명을 제외한 학생들이 의자에 앉고, 술래는 원 안에 들어간 다음 서 있는다.
③ 술래는 한 명의 학생을 지목하여 "당신은 주말을 잘 보내셨습니까?"라고 묻는다.
④ 지목당한 학생이 "아니오."라고 대답할 경우, 지목당한 학생의 양옆 2명과 술래가 빠르게 움직여 의자를 차지하여 앉는다. 이때, 움직이는 학생들은 원래 자기 자리에 앉아서는 안 된다.
⑤ 지목당한 학생이 "네."라고 대답할 경우, 술래는 다시 해당 학생에게 "그럼 주말에 무엇을 하셨습니까?"라고 묻는다. 학생이 대답하면, 그 대답과 같은 일을 주말에 한 학생들끼리 빠르게 움직여 의자를 차지하여 앉는다. 의자를 차지하여 앉지 못한 학생은 다시 술래가 되어 앞과 같은 방법으로 놀이를 진행하면 된다.

- **도움말**

특수교육대상학생들이 의자에 앉기 위해 빠르게 움직일 때 학생들끼리 부딪혀 안전사고가 발생하지 않도록 사전 지도 및 안전관리를 철저히 해야 합니다.

WEEK 3
말하기 연습

월요일   어려운 일을 겪은 친구 위로하기

화요일   친구의 마음에 공감하기

수요일   결석한 친구에게 안부 묻기

목요일   걱정하는 사람에게 응원과 격려하기

금요일   호감 가는 낯선 사람에게 말 걸기

3주차 월요일

DAY 11

많이 힘들지? 괜찮아?

어려운 일을 겪은 친구 위로하기

이번 내용에서는 할아버지 장례를 치르느라 며칠을 학교에 오지 못한 친구를 오랜만에 만나 위로하는 내용을 담고 있습니다. 할아버지, 할머니 혹은 아버지, 어머니 등 소중한 가족을 잃은 친구를 먼저 찾아가 위로해 주는 법을 지도해 보면 어떨까요. 기쁜 일에는 축하가 필요하듯, 슬픈 일에는 위로가 필요할 테니까요.

대본을 보고 역할극을 해 봐요

며칠 만에 학교에 온 진선이를 보러 친구들이 진선이 곁으로 모여듭니다.

한솔이 (반가운 표정으로) 진선아, 오랜만이야.

진선이 (어색한 미소를 그리며) 그래 한솔아, 잘 있었니?

한솔이 진선아~ 무슨 일이 있었길래 학교에 안 나왔어?

진선이 응. 우리 할아버지가 돌아가셨어. 그래서 아빠랑 엄마랑 전부 다 장례를 치르느라 며칠 학교에 못 나왔어.

한솔이 아, 그랬구나. 잘 몰랐어. 진선아, 마음이 힘들었겠구나. 할아버지 장례는 잘 치렀어?

진선이 응. 할아버지 친구분들이 많이 찾아 주셨어. 담임선생님도 소식 듣고 찾아와 주셨어.

한솔이 할아버지가 많이 아프셨던 거야?

진선이 원래 많이 편찮으셨어. 한참을 누워 계시기만 했는데, 갑자기 건강이 더 안 좋아 지셨어.

한솔이 미리 알았다면 찾아갔을 텐데 늦게 알았네. 미안해 진선아, 할아버지께서 좋은 곳에서 편히 쉬시도록 나도 기도할게.

진선이 아니야, 한솔아. 장례식장이 집에서 멀어서 찾아오려면 차를 타고 왔어야 했어. 괜찮아. 할아버지가 좋은 곳 가실 수 있게 기도해 줘서 고마워.

한솔이 그래, 진선아. 어서 기운 차리고.

이렇게 지도해 보세요

사랑하는 가족을 잃는 것은 힘든 일입니다. 하지만 피할 수 있는 일도 아닙니다. 사람은 늙고 병들고 결국에는 죽게 됩니다. 이러한 자연스러운 삶의 섭리를 특수교육대상학생에게도 가르치는 것도 필요하다 생각됩니다. '축하'나 '감사'의 표현을 학교에서 가르치고 익히듯이 '사랑하는 가족을 잃은 친구'를 위로하는 일도 자연스럽게 배우고 가르쳤으면 하는 바람입니다.

학교에서 '위로하는 방법'은 어떻게 지도하는 것이 좋을까요? 우선 위로하는 마음을 갖고 위로하는 말을 하기에 적합한 행동을 하는 것이 필요합니다. 위로하는 상황에서 함박웃음을 짓거나 장난을 치는 행동은 하지 않도록 해야 합니다. 두 손을 가지런히 모으거나 고개를 살짝 숙여 위로와 애도의 마음을 표현하는 것도 좋은 방법입니다.

두 번째로는 상황에 적절한 위로 표현을 익히도록 합니다. 위의 대화에 제시된 상황처럼 '할아버지 장례를 치른 친구'에게는 "마음이 힘들었겠구나." 또는 "위로의 마음을 전달할게."처럼 정중하게 위로 표현을 할 수도 있습니다. 이러한 표현이 어렵게 느껴진다면 "○○(친구의 이름)아, 괜찮아?"처럼 진심을 담은 위로 전하기도 좋은 방법입니다.

교사는 장례를 겪은 학생을 유심히 살필 필요가 있습니다. 가족의 죽음으로 인해 위축되고 힘들어하는 학생에게 먼저 다가가 이야기를 귀 기울여 듣고, 공감하고 이해해 주도록 합니다. 슬픔의 감정이 커다랗게 자리 잡은 학생이 있다면 이들에게 슬픔을 온전히 표현할 시간과 공간을 준비해 두는 것도 좋습니다. 간혹 혼자만의 시간을 갖고 싶어 할 수도 있으므로 그런 상황에 친구들이 학생에게 장난을 건다거나 하는 행동을 하지 않도록 지도할 필요가 있습니다.

위로의 상황	상황에 맞는 말하기 예시
가족 중 누군가가 죽었을 때	"삼가 고인의 명복을 빕니다." "고인의 가족에게 위로의 말씀을 전합니다."
친구가 시험에 떨어졌을 때	"다음번에는 잘 할 수 있을 거야." "실망했겠지만, 기운 내!"
여자친구와 헤어졌을 때	"너무 힘들겠다. 더 좋은 사람 만날 거야." "시간이 지나면 괜찮아질 거야."
다치거나 병에 걸렸을 때	"많이 놀랐겠다. 빨리 낫길 바랄게." "크게 다치지 않아서 다행이야."
마음의 상처를 입었을 때	"마음의 상처가 빨리 치유되길 바랍니다." "위로의 말씀을 드립니다. 힘내세요."

🧩 함께하면 더 좋은 의사소통 활동

- **제목**   우리 반 칭찬(위로) 릴레이
- **인원**   학급 인원 전원
- **활동 방법**

① 교사가 시범으로 한 학생을 지목한다. 지목한 학생은 자리에서 일어나 교사를 마주 본다.
② 마주 본 상태에서 교사는 일어난 학생을 바라보며, 지난 일주일 학교생활에서 칭찬할 만한 점 1가지를 칭찬해 준다.
  (예: ○○이는 친구들 무거운 짐을 잘 들어 줘서 칭찬해 줄 만해!)
③ 칭찬 내용을 확인한 학생은 "고마워."라고 대답을 하고, 다시 다음 칭찬해 줄 사람을 지목하여 칭찬을 이어 간다.
④ 한 번 지목되어 칭찬받은 학생은 다시 지목할 수 없으므로 지목되지 않은 학생을 지목하여 칭찬 릴레이를 이어 가고 모든 학생이 칭찬을 받고 고맙다고 대답을 하면 활동을 종료한다.
⑤ 장애 정도가 심하거나 구어 의사소통에 어려움을 겪고 있는 학생이 지목된 경우 '하트'나 '엄지 척' 그림이 그려진 카드를 들고 다음 칭찬 학생에게 전달하도록 지도한다.

- **도움말**

  같은 방법으로 칭찬 대신 위로를 하는 것으로 변형하여 수행할 수 있습니다. 이때는 번갈아 가면서 슬프거나 기분이 좋지 않은 일들이 있었던 내용을 먼저 발표하고 난 후 릴레이 위로 활동을 진행합니다.

3주차 화요일

DAY 12
많이 속상했겠다

친구의 마음에 공감하기

가족 때문에 속상한 일을 경험한 적이 있으신가요? 오늘은 동생 때문에 특수교육 대상학생이 속상해할 때 이를 공감하는 내용으로 구성됩니다. 오늘의 학습으로 학생들이 상대방의 감정을 읽어 주며 공감하는 연습을 할 수 있기를 바랍니다.

대본을 보고 역할극을 해 봐요

한숨을 크게 쉬는 구름이에게 하늘이가 말을 걸고 있다.

하늘이 (걱정되는 목소리로) 구름아 무슨 일 있어?
구름이 (시무룩한 목소리로) 하늘아, 어제 무슨 일이 있었냐면, 엄마가 새로 사 주신 장난감으로 놀고 있었는데 갑자기 동생이 오더니 장난감을 가져가는 거야. 엄마가 동생한테 양보하라고 해서 빌려줬는데 동생이 장난감을 망가뜨렸어….
하늘이 많이 속상했겠다. 나도 그런 적 있었는데….
구름이 그래? 너도 동생 때문에 속상했어?
하늘이 나도 장난감 때문에 싸웠는데 많이 속상하고 화도 났어. 내 장난감이었는데….
구름이 맞아, 화나서 눈물이 나오더라….
하늘이 그치…. 그 뒤로는 내 방에 장난감 숨겨 놓고 동생 없을 때만 꺼내서 놀고 있어.
구름이 왜 엄마는 동생 편만 들까? 이해가 안 돼.
하늘이 너희 엄마도 그래? 나도 동생하고 싸우면 나만 혼난다니까?
구름이 너랑 나랑 공통점이 있네! 동생 때문에 피해 보는 거!
하늘이 하하하. 뭐 어쩔 수 없지.
구름이 그래도 이렇게 짜증 난 거에 대해서 너랑 이야기하니까 기분이 좀 나아진 것 같아. 네 덕분이야. 고마워.
하늘이 하하하.

이렇게 지도해 보세요

특수교육대상학생들에게 공감을 가르치려면 어떻게 해야 할까요. 우선, 감정 이해하기-감정 인식하기-감정 비교하기-공감하기 순서로 지도해 보세요. 진정한 공감을 위해서는 먼저 상대방의 감정을 이해하는 것이 가장 중요하기 때문에 감정과 공감을 함께 가르쳐야 합니다.

먼저, 다양한 감정을 이해할 수 있도록 지도해 주세요. 다양한 감정에 대한 이해가 있어야 자신의 감정에 대해 알게 됩니다. 그리고 특수교육대상학생이 느끼는 감정을 적절하게 표현할 수 있도록 지도해 주세요. 여러 가지 감정이 들었던 경험에 대해 솔직하게 이야기를 나누어 보면 좋습니다.

그다음, 나와 친구의 감정을 비교해 보도록 지도해 주세요. 같은 상황에서도 자신의 감정과 친구의 감정이 같을 수도 있고 다를 수도 있습니다. 예를 들어 비가 오는 날에 비를 좋아하는 친구는 시원함과 기쁜 감정을 느낄 수 있고 비를 싫어하는 친구는 우울하거나 귀찮은 감정을 느낄 수 있습니다. 각자의 선호도나 기분에 따라 날씨에 대한 감정이 달라질 수 있다는 것을 학생들과 함께 이야기하면서 서로가 느끼는 감정을 비교해 보세요.

이때 선생님은 특수교육대상학생들의 다양한 감정들을 인정해 주는 것이 중요합니다. 자신의 감정을 인정받은 특수교육대상학생은 감정표현에 있어서 더욱 솔직해질 것입니다.

🧩 함께하면 더 좋은 의사소통 활동

- **제목**   감정 텔레파시
- **준비물**   상황 카드 혹은 상황에 적힌 PPT
- **활동 방법**

① 3명으로 팀을 나눈 후, 한 팀씩 순서대로 놀이에 참여한다.
② 선생님이 팀원들에게 상황 카드를 제시한다. 이때 팀별로 4개의 상황 카드를 제시한다.

상황 카드 예시	
친구가 물건을 함부로 만지거나 빼앗아 가는 상황	가족이 아픈 상황
부모님이 용돈을 주는 상황	친구가 다친 상황

③ 팀원들은 상황 카드를 보고 상황에 어울릴 만한 감정을 교사의 신호에 맞춰 동시에 외친다.
④ 같은 감정을 말한 팀원 수에 따라 점수를 얻는다.
   (예: 3명이 모두 같을 경우 3점, 2명이 같을 경우 2점, 3명이 모두 다를 경우 1점)
⑤ 팀원들은 돌아가며 해당 감정을 말한 이유를 이야기한다.

- **도움말**

이 활동은 특수교육대상학생들이 상황에 따른 감정이입을 통해 감정을 이해하고 공감할 수 있습니다. 특히 같은 상황에서 서로 다른 감정을 느낄 수 있다는 것을 배울 수 있습니다.

3주차 수요일

DAY 13

몸은 좀 어때?

결석한 친구에게 안부 묻기

"왔어?" "밥 먹었어?" "잘 잤어?" "어제 뭐 했어?" "괜찮아?" 무심한 듯 짧지만, 사람과의 관계에서 매우 중요한 안부를 묻는 말입니다. 이 말 속에는 상대방에 관한 관심과 걱정이 포함되어 있습니다. 하지만 우리 아이들이 잘 하지 않는 말이기도 합니다. 오늘 이야기에는 서로에 대한 안부를 묻고 상황에 적절한 걱정하는 말을 할 수 있도록 알려 주는 내용입니다.

대본을 보고 역할극을 해 봐요

독감으로 3일간 학교를 나오지 못했던 친구가 등교해서 교실에 들어오고 있다.

승준이 (놀라고 반가운 말투로) 어! 지훈! 왔네!

지훈이 (웃으며) 왔지. 독감으로 죽을 줄 알았냐?

승준이 농담하는 거 보니 살 만한가 보네~

지훈이 나 진짜 죽을 뻔했어~ 농담 아니야.

승준이 진짜야? 너 독감으로 학교 못 나온다길래 걱정했어.

지훈이 걱정해 줘서 고마워.

승준이 지금 몸은 어때? 괜찮아?

지훈이 이제 거의 나은 것 같아. 열이 40도까지 오르고 온몸이 아파서 죽다 살았어.

승준이 (의심하는 눈초리로) 코로나 아니야 너?

지훈이 (손사래 치며) 아니야! 검사했는데 아니었어.

승준이 크크크. 아니면 다행이고. 암튼, 정말 힘들었겠다. 이제 괜찮아졌다니 정말 다행이야!

지훈이 아직 다 나은 건 아니니까 약은 계속 먹어야 된대.

승준이 그래. 약 잘 먹고. 건강이 제일 중요하니까 몸 좀 챙겨. 아무거나 주워 먹지 말고~ 특히 바닥에 떨어진 거 주워 먹지 말고.

지훈이 아무거나 주워 먹다니. 일주일 만에 나왔는데 또 놀리기냐?

승준이 너 그때도 뭐 바닥에 떨어진 거 주워 먹지 않았어?

지훈이 그거? 3초 안에 주워 먹어서 괜찮은 거야, 그건.

승준이 (심각한 표정으로) 5초 정도 되지 않았나?

지훈이 3초야, 3초!

승준이 아무튼! 네가 학교 나오니까 좋다. 나 혼자 심심했다고.

지훈이 나도 심심하긴 했어.

승준이 그래도 학교 안 나오니까 좋지 않았어? 흐흐.

지훈이 음, 처음엔 아파서 그런 생각도 못 했어~

승준이 진짜 많이 아팠나 보네. 그래도 빨리 나았다, 다행히.

지훈이 폰 볼 정신도 없는데 너희들이 매일 응답하라고 톡 보내고, 나 없어서 수행평가 조별 과제 빵점 맞으면 어쩌냐고 징징대서 덕분에 더 빨리 나았지….

승준이 그럼~ 우리 덕분이지? 우리가 이렇게 착해~ 어쨌든 다행이야! 이제 같이 놀 수 있는 멤버가 돌아왔으니.

지훈이 나도 좋아! 빨리 학교 와서 너네랑 놀고 싶었어. 두 번 다시 독감 걸리고 싶지 않아~ 여태 아픈 것 중에 최악이었어.

승준이 그래, 다시 아프지 마!~

지훈이 고마워.

승준이 아! 맞다. 오늘 너 학교 나온다고 해서 주려고 가져왔는데…. (가방에서 간식을 꺼낸다) 이거 같이 먹을래?

지훈이 와~ 내가 좋아하는 젤리네! 좋지!

이렇게 지도해 보세요

방학을 끝내고 개학식 날 오랜만에 보았을 때, 마치 어제 헤어지고 오늘 본 것처럼 아무 일 없었다는 듯이 사람을 본 건지 못 본 건지 그냥 지나가는 학생을 본 적 있으신가요?

개인적인 일이나 건강상의 문제로 장시간 학교를 나오지 못했던 친구가 다시 학교에 나왔을 때 사람이 오든지 가든지 아무 말 하지 않고 멀뚱히 자기 자리에 앉아 있는 경우는요?

친구에게 할 수 있는 안부와 걱정을 표현하는 말 예시

- "오랜만이야~ 많이 아팠지? 몸은 좀 어때?"
- "많이 걱정했어. 많이 아팠다고 들었는데 지금은 좀 괜찮아?"
- "너무 걱정되고 보고 싶었어."
- "독감 때문에 많이 아프고 힘들었을 텐데 다행이야!"
- "다시 학교에 와서 반가워. 당분간은 무리하지 않게 조심해~"
- "앞으로는 더 건강해질 거야."
- "다시 아프지 않게 조심해."
- "네가 다시 오니까 너무 좋다."
- "그동안 너무 고생 많았어. 힘들었지?"

그럴 때는 친구에게 관심을 표현하고 건강과 안부를 물어보도록 알려 주세요. 그동안 별일 없었는지, 건강은 괜찮은지, 어떻게 지냈는지 물어봐 주고, 관심을 갖는 것은 친구들과 더 가까워지고 서로를 이해하는 데 도움이 됩니다.

함께하면 더 좋은 의사소통 활동

- **제목**　　　마음 처방전 역할극
- **준비물**　　없음
- **활동 시간**　20분
- **활동 방법**

① 마음 처방전을 준비한다.

② 환자 역할과 약사 역할을 나눈다.

③ 환자 역할을 하는 학생이 자신이 아픈 이유를 말하고 약사 역할을 하는 학생은 그 말을 듣고 마음 처방전을 작성한다.

④ 체크한 상황에 적절한 알약, 물약, 영양제를 생각해 보고 해당 칸에 써서 환자 역할을 하는 학생에게 준다. 이때 자신이 처방한 알약, 물약, 영양제를 친구에게 말하며 처방전을 건네준다.

④ 환자 역할을 하는 학생은 약사 친구에게 감사한 마음을 표현하는 말을 한 다음 마음 처방전을 가져가 약을 먹는다.

- **도움말**

　역할극이 어려운 경우 학생 스스로에게 마음 처방전을 써도 됩니다. 마음 처방전 봉투의 □에 상황을 적고 자신의 상태를 체크해 보도록 해 보세요. 그리고 학생들의 감정은 복잡할 수 있어요. 한 가지 말, 행동, 마음 처방으로는 부족할 수도 있답니다. 학생들이 약봉지를 만들어 작은 간식을 넣고 처방전 상황에 알맞게 먹으라고 처방해 주는 것도 좋습니다. 검색 포털 사이트에서 약 봉투를 검색하면 다양한 도안을 찾을 수 있습니다.

마음을 처방해 드립니다

 내복약

이럴 때 처방전을 사용하세요.
☐ 화가 날 때
☐ 슬플 때
☐ 짜증날 때
☐ 외로울 때

처방　　일　회 투약
☐ 알약:
☐ 물약:
☐ 영양제:

처방일: ＿＿＿＿＿＿
약　사: ＿＿＿＿＿＿

알약(말)
예: 괜찮아 잘하고 있어. 속상했겠다. 너를 믿어. 난 언제나 네 편이야!

물약(행동)
예: 1~5까지 세기, 심호흡 5번 하기, 산책하기, 어른이나 선생님께 도움 요청하기, 운동장 한 바퀴 걷기

영양제(격려)

3주차 목요일

DAY 14

너무 걱정하지 마세요 별일 없으실 거예요

걱정하는 사람에게 응원과 격려하기

응원과 격려는 인간관계를 돈독하게 만들어 주는 언행입니다. 응원과 격려는 많이 하면 할수록 좋습니다. 응원과 격려가 많은 교실에서는 서로에 대한 신뢰가 쌓이게 됩니다. 교사와 학생 간의 라포르[1] 형성을 위해서도 꼭 필요한 말하기입니다. 따라서 특수교육대상학생들도 타인을 응원하고 격려하는 말하기를 할 수 있어야 합니다. 이번 시간의 연습을 통해 교사와 학생이 응원과 격려를 주고받는 연습을 해 보시기를 바랍니다.

1) 라포르: 사람과 사람 사이에 생기는 상호 신뢰 관계.

대본을 보고 역할극을 해 봐요

하교를 앞둔 금요일 오후, 교실에서 열정쌤이 긍정이와 주말의 일정에 관해 이야기를 나누고 있다. 주말에 긍정이는 바리스타 실기 시험을 볼 예정이다.

열정쌤 긍정아, 너 바리스타 실기 시험 보는 게 이번 주말 맞지?

긍정이 네. 일요일이에요. 내일모레요.

열정쌤 준비 많이 했어? 기분이 어때?

긍정이 (걱정되는 표정으로) 좀 걱정되죠. 혹시 실수라도 하지 않을까 해서요.

열정쌤 (다독이며) 너무 걱정하지 마! 잘할 수 있을 거야. 평소에 교실에서 연습 많이 했잖아. 연습했던 것처럼만 하면 돼.

긍정이 네. 연습 많이 했죠. 꼭 붙어야 하는데….

열정쌤 (손을 불끈 쥐며) 그래. 그냥 평소처럼 연습한다고 생각하고 자신 있게 해!

긍정이 네. 응원해 주셔서 감사합니다.

열정쌤 (심각한 표정으로) 긍정아! 근데 진짜 큰일 났다.

긍정이 (놀라며) 네? 왜요?

열정쌤 선생님이!!! 선생님이!!!!

긍정이 네? 선생님이 왜요?

열정쌤 갑자기… 갑자기!!! 커피가 먹고 싶다, 긍정아.

긍정이 (허탈하게 웃으며) 아~ 놀랬잖아요. 선생님.

열정쌤 (웃으며) 시험 보기 전에 마지막으로 연습 한 번 더 한다 치고 어때? 쌤 커피 한잔 내려 줄 수 있겠지?

긍정이 지금요?

열정쌤 쌤은 디카페인 원두 갈아서 아이스 카페라테로 휘핑크림 세 번 정도 짜서 많이 넣고 자바칩 두 숟가락 넣고 메이플시럽 두 번 넣고 에스프레소는 투 샷으로 부탁한다.

긍정이 (당황하며) 네?? 하하하…. 뭐라고 하신 건지….

열정쌤 (웃으며) 야~ 농담이야~ 농담. 너 긴장 풀어 주려고~

긍정이 아~ 농담이셨구나~ 농담도 참 잘하시네요~

열정쌤 커피는 쌤이 알아서 타 먹을게~ 빵도 있으니까 같이 먹으면 맛있겠다.

긍정이 어? 근데 선생님 내일 건강 검진이라고 하지 않으셨어요? 오늘 점심 이후로 아무것도 안 드신다고 하셨잖아요.

열정쌤 아! 맞다! 나 내일 병원 가야 하는데…. 그새 또 까먹었네.

긍정이 선생님 아무것도 드시면 안 된다면서요.

열정쌤 맞아. 내일 위내시경이랑 대장내시경도 해야 하거든, 아~ 커피랑 빵 못 먹겠네. 배고픈데….

긍정이 좀 참으세요, 선생님.

열정쌤 그나저나 선생님 내시경을 한 번도 안 해 봐서 걱정이네.

긍정이 저도 한 번도 안 해 봤는데요?

열정쌤 (웃으며) 넌 아직 어려서 안 해도 돼. 근데 나이 들면 해야 하는 거야. 아악! 내가 벌써 이렇게 늙었다니!!!

긍정이 아~ 그렇구나. 근데 그게 왜 걱정이세요?

열정쌤 내시경이 뭔지 알아? 카메라 달린 관을 몸에다가 넣어서 아픈 데가 없는지 보는 거야.

긍정이 아~ 그렇구나. 선생님 너무 걱정하지 마세요. 별일 없으실 거예요.

열정쌤 우와~ 우리 긍정이가 그런 말도 해 주고 너무 든든한데?

긍정이 헤헤헤.

열정쌤 진짜 그렇게 말해 주니 고맙긴 한데 걱정은 된다. 흑….

긍정이 선생님도 겁이 좀 많으시네요. 하하하.

열정쌤 나도 사람이야~ 네가 주사 무서워하는 거랑 똑같은 거야.

긍정이 건강검진 잘 받으시고요. 선생님 내일 내시경도 하셔야 하니까 커피는 그냥 드시지 마세요.

열정쌤 그래야지.

긍정이 그냥 앞으로 커피는 쭉 끊으시는 건 어떠세요?

열정쌤 (웃으며) 너 이제 나한테 커피 만들어 주기 싫어서 일부러 그러는 건 아니지?

긍정이 (손사래 치며) 설마 제가 그러겠어요~? 건강검진 잘 받고 오시면 제가 맛있게 한 잔 만들어서 드리겠습니다.

열정쌤 그래, 알았어. 아무튼 주말에 바리스타 시험 잘 보고! 너무 걱정하지 말고!

긍정이 네. 선생님도 건강검진 너무 걱정하지 마시고요!

열정쌤 알았어~ 건강하다는 결과표를 가지고 오마.

긍정이 네. 그럼 저도 합격증서 가지고 오겠습니다!

열정쌤 하하하. 화이팅!

🔆 이렇게 지도해 보세요

　응원하는 말을 학생에게 가르치고자 할 때 특정 상황에 맞는 구체적인 응원을 할 수 있도록 지도해 보세요. 예를 들어 친구가 컴퓨터 자격증 시험을 앞둔 상황이라면 "힘내!" "화이팅!"과 같이 단순하게 응원을 하는 것보다는 "컴퓨터 시험 잘 볼 수 있을 거야. 평소에 정말 잘했으니까 연습한 대로만 해."와 같이 구체적으로 내용을 이야기해 주는 응원이 좋습니다.

　병원 진료를 앞둔 친구에게 응원을 건넨다면 "너무 걱정하지 마! 병원에서 진료 잘 받으면 더 건강해질 거야."와 같이 응원을 받는 사람이 처한 상황을 언급하며 응원을 할 수 있도록 합니다. 응원할 때는 진심을 담아야 하므로 단순한 응원보다는 구체적으로 이야기할 때 응원을 받는 사람의 마음에 더 와닿을 수 있습니다.

　한 가지 팁을 더 드리자면, 학급에서 아주 사소한 일도 응원하고 격려하는 학급 문화를 만들어 보세요. 예를 들어, 특별한 이벤트가 있을 때만 응원하는 것이 아니라 어떤 학생이 옷을 잘 입지 못할 때, 알약을 잘 삼키지 못할 때, 가위질을 잘하지 못할 때, 발표를 잘하지 못할 때 등 사소한 일이라도 그것을 잘할 수 있다는 긍정적인 응원을 해 주면 좋습니다. 이때는 학생들이 평소와 다른 분위기를 느낄 수 있도록 하는 것이 핵심입니다.

　사소한 것에도 응원을 많이 받은 학생은 실패에 대한 두려움을 줄일 수 있고 새로운 일에 도전할 수 있는 자신감을 가지게 됩니다. 그리고 자신이 소중한 사람이고 내가 있는 이곳에서 나는 환영받고 있다고 느낄 수 있게 됩니다.

별것 아닌 것처럼 느껴지는 일들도 마치 커다란 일을 해낸 것처럼 마구마구 응원해 주세요. 그리고 응원할 때는 학급의 모든 구성원이 함께 응원하도록 지도해 주세요. 이러한 응원 문화에 충분히 노출된 학생은 타인을 응원하고 격려할 줄 아는 학생으로 성장할 수 있게 됩니다.

응원할 때 진심을 담아 할 수 있는 말 예시

- "잘할 수 있을 거야. 걱정하지 마!"
- "다른 사람은 생각하지 말고 집중해서 최선을 다해!"
- "결과도 중요하지만, 결과가 어떻든 널 응원할게."
- "난 항상 네 편이야."
- "내가 항상 응원할게!"
- "좋은 소식이 있기를 진심으로 기도할게."
- "넌 할 수 있어!"
- "두려워하지 말고 너 자신을 믿으면 돼!"
- "네가 정말 자랑스러워!"
- "지금처럼만 하면 돼! 힘내!"

🧩 함께하면 더 좋은 의사소통 활동

- **제목**   행운을 부르는 응원 카드
- **인원**   학급 인원 전원
- **준비물**   응원 카드, 코팅 기계 또는 손 코팅지, 스크래치 스티커
- **활동 방법**

① 들었을 때 기분이 좋고 힘이 나는 여러 가지 응원 문구들을 준비한다.
② 응원 카드 도안을 제작하고 일반 코팅 기계를 사용하여 코팅하여도 되고 없다면 손 코팅지를 사용하여 코팅한다.
③ 스크래치 스티커를 이용하여 응원 문구를 가리면 완성된다.
④ 교사는 수업의 활동 일부분에서 응원 카드를 사용할 수 있으며 카드를 받은 학생은 동전을 이용하여 스크래치 스티커를 긁으면 응원 문구를 읽을 수 있다.

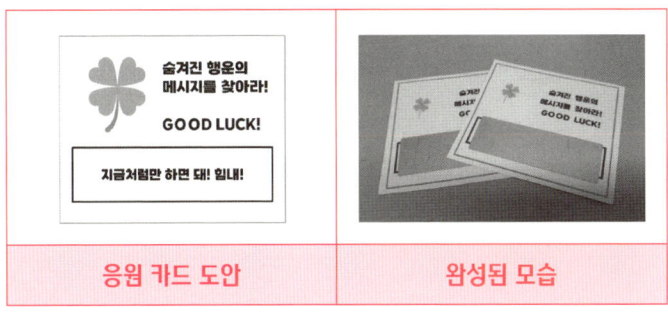

| 응원 카드 도안 | 완성된 모습 |

- **도움말**

이 활동은 복권을 긁듯이 가려진 응원 문구를 긁어서 읽어 보는 활동입니다. 간단하면서 쉬운 활동이지만 수업 일부분에 즐거운 이벤트

로 활용할 수 있습니다. 포춘 쿠키와 비슷하게 간식과 함께 응원 카드를 보상으로 제공할 수도 있습니다. 또는 카드의 내용을 변형하여 나만의 복권 만들기로 활동해도 좋습니다.

3주차 금요일

DAY 15

안녕? 괜찮다면 같이 앉아도 될까?

호감 가는 사람에게 말 걸기

자기 의사와 감정을 자연스럽게 표현하는 것은 학교생활뿐만 아니라 일상생활에서도 매우 중요한 부분입니다. 많은 특수교육대상학생들이 부모님이나 교사의 질문에 대답하는 것에는 익숙하지만 다른 사람에게 먼저 말을 걸고 자신의 생각을 표현하는 것은 드문 일입니다. 오늘 내용은 청소년기 학생들이 또래 이성 친구에 관한 관심을 대화를 통해 자연스럽게 표현하고 상대방의 감정에 적절하게 반응하는 내용입니다.

대본을 보고 역할극을 해 봐요

벚꽃이 눈처럼 예쁘게 날리는 4월의 현장체험학습 둘째 날, A중학교 남학생들과 B중학교 여학생들이 같은 식당에서 점심을 먹으려고 줄을 서 있다. 동준이는 식사 때마다 눈길이 갔던 한 여학생과 눈이 마주쳐 햇살 가득한 날씨만큼이나 마음이 설레고 두근거린다. 친구들이 이때다 하고 말을 걸어 보라고 부추기자 용기를 내어 말을 걸어 보기로 했다.

동준이 (동준이가 식판을 들고 여학생이 앉아 있는 테이블 옆으로 가서 수줍게 인사를 한다) 안녕? 저기, 이 자리 비어 있어? 괜찮다면 내가 앉아도 될까?

여학생 (조금 놀란 듯한 표정으로) 응, 자리 비어 있어. 앉아도 돼.

동준이 (미소 지으며 자리에 앉는다) 고마워. 난 A중학교에 다니는 동준이라고 해. 갑자기 말 걸어서 놀랐지? 난 어제 여기 현장체험학습 왔어. 너도 현장체험학습 왔니?

여학생 (수줍게 미소 지으며) 응. 난 B중학교에 다니는데 나도 여기 현장체험학습 왔어.

동준이 와~ 우리 다른 지역에 사는데 같은 곳에 현장체험학습 와서 같은 식당에서 밥을 이틀째 같이 먹다니, 이런 우연이.

여학생 (웃으며) 그러게 우연이네.

동준이 우리 메뉴도 같네. 여기 반찬 맛있지 않아? 난 우리 학교 급식보다 더 맛있는 거 같아.

여학생 응, 괜찮은 거 같아.

동준이 (웃으며 약간 수줍게) 실은 어제부터 네가 자꾸 눈에 띄어서 저 여학생이 누군가… 궁금했어. 그래서 말 걸어 보고 싶었어.

여학생 (웃으며) 그랬구나. 나도 어제 너 봤었어.

동준이 (웃으며) 그래? 그럼 더 일찍 어제 말 걸 걸 그랬나? 근데 내가 인싸라 눈에 좀 띄긴 하지.

여학생 (웃으며) 뭐라고?

동준이 하하하. 농담이야~ 농담. 현장학습체험 재밌었어? 너희 학교는 체험 뭐 뭐 했어?

여학생 응, 생각보다 재미있었어. 벚꽃축제 구경도 재미있긴 했는데 어젯밤에 천문대 관측하는 체험이 젤 재미있었어. 밤에 밖에서 쏟아질 것 같은 별을 본다는 게 너무 신기하고 별이 너무 예뻤어. 넌 어땠어?

동준이 (여학생 말에 공감하며) 나도 벚꽃 보니까 엄청나게 설레고 들떴는데 그래도 천문대 체험이 젤 좋았어. 그렇게 별을 가까이 본 건 처음이었거든. 진짜 별이 예쁘더라. 그리고 여기 와서 새로운 친구도 만들어서 좋았어.

여학생 (궁금해하며) 새로운 친구?

동준이 (수줍게) 응. 새로운 친구. 근데 아직 이름도 몰라서…. (여학생을 보며) 이름이 뭐야?

여학생 (살짝 놀란 듯 미소 지으며) 난 수아야.

동준이 이제 새로운 친구 이름을 알았어. 수아라고 하더라고.

여학생 (웃으며 부끄러운 듯) 어머….

동준이 우리 학교는 오늘 마지막 날인데 너희 학교는 언제까지 있어?

여학생 우리 학교는 내일까지 있어.

동준이 (아쉬워하는 표정으로) 그래? 우리 다음에 또 만날 수 있을까?

여학생 (말끝을 흐리며) 글쎄….

동준이 (용기 낸 듯) 혹시 괜찮다면 연락처 알려 줄 수 있어? 절대 나쁜 데 이용하려는 게 아니고. 그게… 너랑 좀 더 친해지고 싶어서….

여학생 그건 좀 고민되는데.

동준이 오늘 헤어지면 다시 못 볼 수도 있는데 아쉬워서 그래.

여학생 응. 좋아 알려 줄게. (핸드폰을 꺼내며 연락처를 알려 준다)

동준이 (좋아하며) 고마워! 내가 연락해도 될까?

여학생 그래, 알았어.

동준이 (웃으며) 고마워. 우리 다음에 또 보자. 연락할게.

이렇게 지도해 보세요

　학생들은 자신의 감정만 생각하고 상대방의 감정이나 기분을 살피지 못하여 너무 직설적인 말이나 부적절한 행동으로 상대방을 당황하게 할 때가 있습니다. 그렇다면 어렵게 말을 건넨 이성에게 호감을 표현하기 위해서는 어떻게 해야 할까요? 이성뿐만 아니라 낯선 사람에게 처음 말을 걸 때도 상황은 마찬가지입니다. 우리 학생들이 첫사랑의 실패로 쓴 눈물을 흘리지 않도록 낯선 사람에게 자신의 감정을 자연스럽고 정확하게 표현하고 건강한 이성 관계를 맺을 수 있도록 지도해 주세요.

　먼저 낯선 사람에게 말을 걸 경우 친근한 인사로 대화를 시작할 수 있도록 알려 주세요. 인사말과 함께 상대방이 대화할 준비가 되면 말하고 싶은 내용을 자연스럽게 꺼내도록 합니다. 대화는 양방향이기 때문에 자신이 하고 싶은 말만 하는 것이 아니라 상대방의 말을 들어 주고 공감하며 적절한 반응을 해야 한다는 것을 알려 주면 좋습니다.

　인사말로 서로 얼굴을 텄다면 자신이 누구인지 알려 주어 안심할 수 있게 하고 상대방의 감정을 존중하고 배려하는 태도를 보여 주라고 귀띔해 주세요. 그리고 공동의 관심사에 관한 대화를 통해 공감대를 형성하며 서로에 대해 조금씩 천천히 알아 가게 되는 것이 중요하다는 것을 알려 주세요. 혹여 대화 중 상대방의 감정을 무시한 채 일방적이고 강압적인 태도를 보이면 상대방이 불편해하고 불안해한다는 것도 알려 주어야 합니다. 이성과의 관계라면 상대방의 개인 정보를 동의 없이 무단으로 공개하거나 타인에게 전달하는 것은 매우 위험한 일이라는 것을 인지시켜 주세요.

마지막으로 학생이 말실수를 했다면 사과하도록 지도해 주세요. 실수했을 때 관계를 회복할 방법은 잘못 뱉은 말을 인정하고 진심으로 사과하는 것이라는 것을 알려 주세요. 연습할 때 실수를 했다면 실수가 무엇인지 파악해 보고 적절한 대화나 긴장을 푸는 방법 등을 찾아 이를 극복하는 방법을 가르쳐 줍니다.

처음 만나는 사람과 대화할 때 유의할 점!

1. 당당하고 자신 있게 말하기: 당당한 태도는 상대방에게 호감을 줍니다.
2. 평소 모습대로 하기: 꾸미거나 가식적인 태도는 좋지 않습니다.
3. 상대방의 관심사에 관해 이야기하기: 상대방이 관심을 가지고 있는 주제에 대해 이야기하면 대화가 쉬워집니다.
4. 상대방의 말을 경청하기: 경청은 상대방에게 관심이 있다는 표현입니다.
5. 웃는 얼굴로 상대방의 눈 마주치기: 상대방의 눈을 마주치고 웃는 표정을 지으면 신뢰감을 줄 수 있습니다.

"연애를 글로 배웠어요."는 통하지 않는 경우가 많습니다. 다양한 상황을 설정해서 학생이 하고 싶은 말을 스크립트로 작성해 보고 이를 역할극이나 다양한 활동 등을 통해 연습해 볼 수 있도록 해 주세요. 대화 연습 후에 학생의 좋은 목소리와 말하는 속도, 신체 언어, 표현력 등에 대한 긍정적인 피드백과 격려를 제공하여 학생의 자신감을 높여 준다면 처음 보는 사람에게도 자신감 있게 의사를 표현하고 이성과도 자연스럽고 건강한 대화를 할 수 있게 될 것입니다.

🧩 함께하면 더 좋은 의사소통 활동

- **제목**   매력 월드컵
- **준비물**   매력 월드컵 판
- **활동 시간**   10분
- **활동 방법**

① 대화 상황에서 할 수 있는 문장이나 행동이 적힌 판을 준비한다.
② 첫 번째 주어진 문제를 읽고 두 가지 선택지 중 자신이 말하고 싶은 문장이나 행동을 선택하고 화살표를 따라간다.
③ 똑같은 방식으로 문제를 읽고 문장이나 행동을 선택하여 지시된 방향으로 따라간다.
④ 마지막 선택지에서 자신의 말과 행동에 대한 매력도 점수를 확인한다.

- **도움말**

　이 활동은 이상형 월드컵처럼 제시된 문제를 보고 두 가지 선택지 중 하나를 선택하여 마지막 문제까지 선택하여 자신의 매력도 점수를 알아보는 활동입니다. 질문 판의 내용을 학생이나 상황에 맞게 변경하여 사용할 수도 있습니다. 최종 매력도를 확인하고 매력 점수를 올리기 위해 어떻게 해야 하는지 이야기해 보는 활동도 좋습니다.

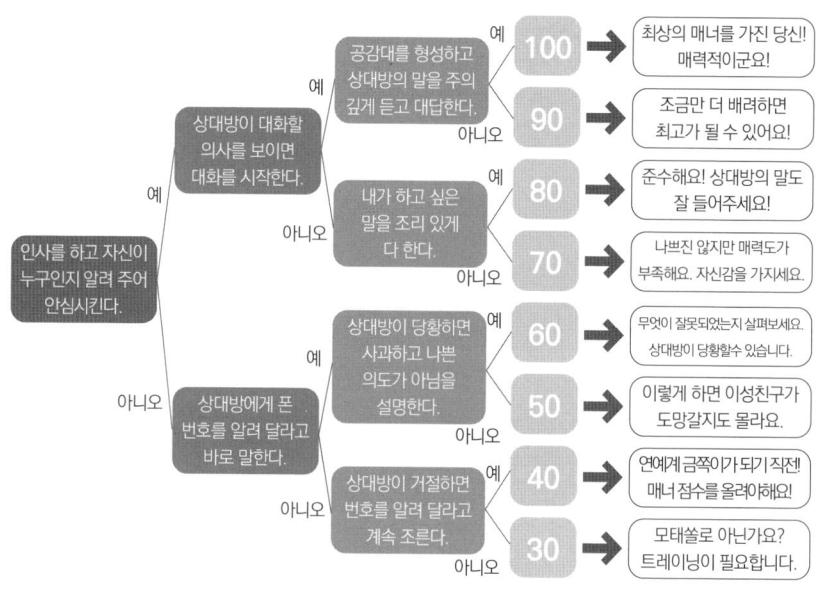

WEEK 4
말하기 연습

- **월요일** 주말의 경험을 물어보며 잡담하기
- **화요일** 특별한 경험 물어보며 잡담하기
- **수요일** 음식에 대한 취향 물어보기
- **목요일** 학교의 특별실 장소 물어보기
- **금요일** 도서관에서의 예절에 대해 말하기

4주차 월요일

DAY 16
지난 주말에 뭐 하셨어요?

주말의 경험을 물어보며 잡담하기

"주말 잘 보냈니?" "주말에 뭐 했어?" 매주 월요일, 습관처럼 학생에게 물어보는 말입니다. 그런데 교사가 이렇게 말을 건넸을 때 학생과 5분 이상 대화를 나눈다는 것은 쉽지 않은 일입니다. 아마도 학생이 단답형으로만 대답해서 대화가 금방 끝나 버리는 경우가 많을 거예요. 그렇다면 조금 더 긴 대화를 나누기 위해서는 어떻게 해야 할까요? 이번 시간의 대화는 주말 동안 한 일에 대해 교사와 학생이 나누는 잡담으로 구성됩니다. 학생들은 질문하기, 질문에 대답하기, 질문 따라 하기를 연습할 수 있습니다.

대본을 보고 역할극을 해 봐요

월요일 점심시간, 식사를 마치고 돌아온 교실에서 열정쌤이 원준이에게 말을 건넨다.

열정쌤 원준아, 너 지난 주말에 뭐 했어? 영화 보러 간다고 하지 않았니?

원준이 네, 저 어제 영화관 갔다 왔어요.

열정쌤 어디로 갔어?

원준이 거기… 터미널에 3층에 있는 영화관이요.

열정쌤 뭐 봤어?

원준이 「아바타 3」요.

열정쌤 (놀라며) 「아바타 3」? 오…. 그래~ 재밌었어?

원준이 네, 재밌었어요.

열정쌤 난 그거 아직 못 봤는데, 사람들이 그 영화 정말 많이 보던데.

원준이 네, 맞아요. 사람 진짜 많았어요.

열정쌤 그래? 그 영화가 좀 길다고 하던데.

원준이 네. 한 3시간은 했을걸요?

열정쌤 너무 길어서 보기 힘들지 않았어?

원준이 그래도 괜찮았어요. 쌤은 왜 안 보셨어요?

열정쌤 아…. 쌤은 원래 그런 SF영화를 별로 안 좋아해. 나는 약간 범죄영화를 좋아하거든.

원준이 범죄영화요?

열정쌤 응. 왜~ 그런 거 있잖아. 형사도 나오고 범인도 나오고 그러는 거.

원준이 아~ 「범죄도시 5」 같은 거요?

열정쌤 그래그래. 근데 「아바타 3」은 워낙 유명하니까 한번 봐 보고 싶긴 해.

원준이 네~ 엄청 재밌어요. 쌤도 담에 꼭 보세요.

열정쌤 그래. 그래야겠다. 영화관을 안 간 지가 너무 오래됐다. 영화관은 팝콘 먹는 재미가 있는데 말이지, 하하. 팝콘 사 먹었어? 선생님은 팝콘 진짜 좋아하는데.

원준이 (웃으며) 네. 당연하죠. 영화관에서는 팝콘이죠. 쌤은 어떤 팝콘을 좋아하세요?

열정쌤 선생님은 캐러멜 팝콘 넌?

원준이 전 버터 팝콘이요. 전 영화 보러 가면 영화 시작하기도 전에 팝콘 다 먹어요.

열정쌤 (웃으며) 나도 그래. 하하하. 아무 생각 없이 먹다 보면 금방 먹지 뭐.

원준이 팝콘하고 콜라도 먹고 그리고 나초도 먹었어요, 전.

열정쌤 많이도 먹었네~

원준이 그런데 쌤은 주말에 뭐 하셨어요?

열정쌤 나? 쌤은 그냥 집에서 넷플릭스 봤어~ 「더 글로리 2」.

원준이 아…. 그거 학교폭력 복수하는 거요?

열정쌤 너도 봤어?

원준이 네.

열정쌤 네 나이가 몇 살인데 그걸 봐?

원준이 아~ 그거 유튜브에서 요약된 거 봤어요.

열정쌤 그래? 요즘 애들은 다 그렇게 요약된 걸로 보더라.

원준이 그죠. 그거 다 볼 시간이 어디 있어요. 요약된 걸로 보면 시간도 절약되고 얼마나 좋은데요.

열정쌤 쩝… 그래? 아무튼 쌤 어제 너무 늦게 자서 피곤하다.

원준이 쌤, 몇 시에 주무셨는데요?

열정쌤 어제? 한 새벽 2시쯤에 잤나? 넌 몇 시에 잤어?

원준이 전 12시요. 게임하다가 잤어요.

열정쌤 (피곤한 표정으로) 너무 피곤해서 안 되겠다. 쌤은 커피 한잔해야겠어. 너도 코코아 한잔 먹을래?

원준이 (웃으며) 저도 그럼 커피…가~ 아니라 코코아 먹겠습니다.

열정쌤 그래. 그럼 내가 탈까? 네가 탈래?

원준이 제, 제가 해야죠. 하하….

열정쌤 (원준이의 어깨를 잡으며) 원준아!

원준이 (놀라며) 네?

열정쌤 원준아, 나 지금 되게 신나! (*「더 글로리」 유행어 대사)

이렇게 지도해 보세요

학생들과 평소에 잡담을 많이 나누시나요? 잡담의 사전적 정의는 '쓸데없이 지껄이는 말'이라고 합니다. 쓸데없는 말이라는 사전적 정의 때문에 잡담의 가치가 크지 않은 것처럼 보이지만 잡담은 일상생활의 인간관계에 있어 꼭 필요한 대화법입니다. 다른 사람에게 질문을 건네고 그 사람에게서 받은 질문에 나의 생각이나 정보를 툭툭 내뱉는 행위는 서로가 서로에게 관심이 있다는 것을 나타내 주는 강력한 신호이기 때문입니다. 따라서 이러한 잡담을 많이 하면 상호 간의 친밀감을 쌓을 수 있게 됩니다.

교실에서 학생들과 잡담을 많이 할수록 교사와 학생 사이의 라포르 형성이 잘 될 수 있음은 분명한 사실입니다. 그렇다면 학생들에게 잡담을 잘하는 법을 가르쳐야 하겠지요. 잡담하는 사람들의 대화를 슬며시 들어 보면 대부분의 잡담이 '질문+대답'의 구조를 띠고 있는 것을 알 수 있습니다(예: "아침밥 먹었어?" "어제 몇 시에 잤어?" "그 영화 봤어?"). 그러므로 잡담을 잘하기 위해서는 우선, 질문을 잘해야 합니다.

질문에도 여러 종류가 있습니다. 위에서 설명한 "아침밥 먹었어?"와 같은 질문들은 대부분 크게 고민하지 않고 대답할 수 있는 질문들입니다. "네." "아니오."로 대답할 수 있거나 구체적인 대답을 바로 할 수 있는 질문이기 때문에 질문을 받은 사람이 대답하는 데 큰 부담을 느끼지 않아 잡담하기에 좋습니다. 하지만 "인생의 목표가 무엇인가요?"와 같은 생각을 깊이 해 봐야 하는 열린 질문을 한다면 대답을 해야 하는 사람은 잡담하는 데 큰 부담을 느낄 수 있습니다. 그러므로 학생이 잡담을 잘하기를 바란다면 '구체적이며 실제적인 질문'을 잘하도록 가르쳐야 합니다.

여기에서 구체적이라는 것은 곧바로 답을 할 수 있다는 뜻이며 실제적이라는 것은 대답을 받는 사람과 관련이 있어야 한다는 뜻입니다. 구체적이면서도 실제적인 질문은 질문을 받는 사람이 쉽게 대답할 수 있는 영역이기에 잡담을 위한 질문으로 좋습니다. 반면, 질문이 구체적이라 하더라도 그 사람과 크게 관련이 없는 질문이라면 좋은 질문이라 할 수 없습니다. 학생들과 질문하기를 연습할 때 질문이 어떤 성격을 갖는지 한 번씩 확인해 보는 것도 질문하기 연습에 좋은 방법입니다.

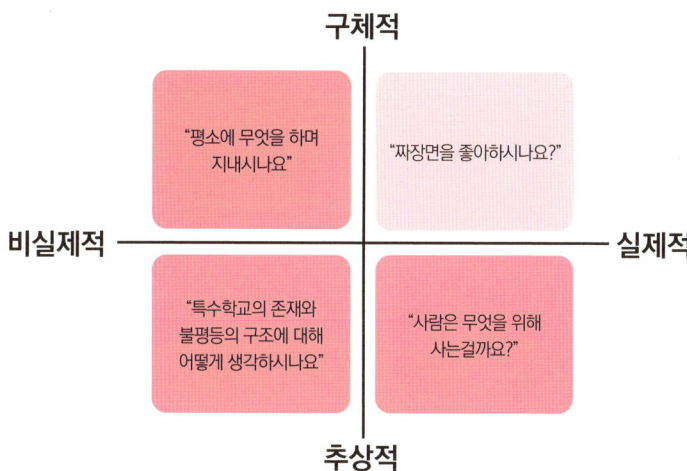

[1사분면에 있는 구체적이고 실제적인 질문을 해 보도록 지도해 보세요.]

구체적이고 실제적인 질문은 질문을 받은 사람이 그대로 다시 한번 같은 내용을 물어보기에 적합합니다. 따라서 질문을 받으면 질문받은 내용을 그대로 다시 상대방에게 질문하도록 지도해 보세요. 예를 들어 "밥 먹었어?"라고 학생에게 교사가 질문했다면, 학생이 대답한 뒤 "선생님은 식사하셨어요?"라고 질문을 하도록 유도합니다. 이런 식의 따라 말하기 방법은 학생이 구체적이며 실제적인 질문을 자연스럽게 할 수 있도록 도와주기 때문에 학생들의 잡담 능력을 향상시키는 데 도움이 됩니다.

함께하면 더 좋은 의사소통 활동

- **제목** 질문 서바이벌
- **인원** 학급 인원 전원
- **준비물** AAC 기기(필요한 경우)
- **활동 시간** 5분 이내
- **활동 방법**

① 수업을 시작하자마자, 혹은 수업을 마칠 때 이 활동을 할 수 있다.
② 수업을 시작할 때 학생들을 모두 자리에서 일어나도록 한다. 그다음 선생님은 그날 수업의 핵심 주제를 학생들에게 알려 준다(예: 지구의 날).
③ 학생들은 핵심 주제를 듣고 손을 들어 1인당 한 가지의 질문을 무조건 해야 하며 질문을 한 학생은 자리에 앉을 수 있다.
④ 교사는 질문을 칠판에 순서대로 적고, 모든 학생이 질문하고 자리에 앉으면 본격적인 수업을 실시한다.
⑤ 교사는 학생의 질문 중 가장 좋은 질문 1개를 선정하여 학생들에게 그 이유를 설명해 주고 수업 중에 질문을 해결할 수 있도록 지도한다.
⑥ 수업을 종료하기 전 5분 정도가 남았다면 수업 후 수업과 관련한 질문을 받도록 하고 질문을 한 학생은 자리에서 일어나서 휴식을 취하거나 자유롭게 원하는 활동을 하도록 지도할 수도 있다.

- **도움말**

이 활동은 학생들이 수업의 전후에 질문을 할 수 있도록 유도하는 활동입니다. 학생들이 경쟁과 함께 다양한 질문을 하면서 교사가 선정한 가장 좋은 질문을 확인해 보며 어떤 질문이 좋은지, 어떻게 질문해야 하는지를 배울 수 있습니다. 학생들의 질문 수준이 높지 않거나 다소 엉뚱하더라도 학생들의 모든 질문을 허용해 주어야 합니다. 그래야 학생들이 질문하는 것에 두려움을 갖지 않고 습관화할 수 있습니다. 처음에는 질문하는 것이 어려울 수 있으므로 교사가 여러 가지 질문을 미리 준비해 놓아서 질문하는 경험을 쌓아 보는 것도 좋습니다. 장애의 정도가 심한 학생의 경우 정해진 AAC를 활용하여 손가락으로 눌러서 음성을 표현하도록 한다든지, 교사의 지시에 따라 손뼉 치기나 다른 행동 수행하기 등으로 질문하기를 대체하여 활동에 참여시킬 수 있습니다.

4주차 화요일

DAY 17
홍어 드셔 보셨어요?

특별한 경험 물어보며 잡담하기

우리가 누군가를 만나서 하는 대화는 경험과 관련된 것이 대부분입니다. 사람은 자신의 경험을 이야기할 때 즐거움을 느끼기 때문입니다. 따라서 대화를 즐겁게 이어 가려면 상대방의 즐거웠던 경험에 대해 질문을 하면 매우 좋습니다. 이번 시간은 음식을 주제로 학생과 교사가 서로의 특별한 경험을 묻고 답하는 대본이 제시되어 있습니다. 서로의 경험을 주제로 대화를 나누어 보는 연습을 통해 서로의 공통점을 찾아보며 친밀감도 느낄 수 있기를 바랍니다.

대본을 보고 역할극을 해 봐요

월요일 점심시간, 교실에서 열정쌤이 상훈이와 여행과 음식에 관해 이야기를 나누고 있다.

열정쌤 상훈아, 여행 다녀왔다며, 바닷가 간다고 하지 않았어?

상훈이 네. 변산반도인가? 뭐 이름은 잘 모르겠는데 아무튼 어떤 해수욕장 갔다 왔어요.

열정쌤 서해로 갔다 왔구나~ 서해 좋지~

상훈이 네. 진짜 좋았어요. 또 가고 싶어요.

열정쌤 재밌었겠네. 바닷가 갔는데 뭐 맛있는 거라도 먹고 왔어?

상훈이 (생각하는 표정으로) 음…. 회 먹었어요~!

열정쌤 (감탄하며) 오! 나도 회 좋아하는데. 맛있었겠다. 부럽다, 부러워~

상훈이 아~ 선생님도 회 좋아하시는구나.

열정쌤 없어서 못 먹지~ 회에다가 쏘주 한잔 캬~ 무슨 회 먹었어?

상훈이 광어인가? 아! 그리고 저 홍어 좋아해서 홍어도 먹었어요. 쌤은 홍어 드셔 보신 적 없으세요?

열정쌤 (놀라며) 홍어? 이야~ 홍어를 먹었다고? 그거 못 먹는 사람도 많던데…. 대단하다. 쌤은 홍어 안 좋아해~

상훈이 홍어 맛있는데….

열정쌤 으악~ 생각만 해도 소름 돋는다. 먹었을 때 느낌이 어땠어?

상훈이 먹다 보면 쫄깃하고 맛있어요, 쌤. 중독성 있어요. 담에 꼭 드셔 보세요.

열정쌤 쌤도 한번 먹어 보긴 했지. 근데 냄새가 너무 심하지 않냐?

상훈이 그렇긴 하죠. 근데 먹다 보면 괜찮아요.

열정쌤 으아~~ 난 안 먹고 싶어~~

상훈이 그럼, 산낙지 같은 거는 드셔 보셨어요?

열정쌤 그건 먹을 수 있지. 넌 산낙지 좋아해?

상훈이 네! 전 해산물은 다 좋아해요.

열정쌤 해산물을 다 좋아하는구나. 다른 해산물도 많이 먹어 봤어?

상훈이 멍게, 해삼, 다 좋아해요. 매운 낙지를 제일 좋아하고요.

열정쌤 아…. 쌤은 맵찔이인데….

상훈이 쌤 매운 거 못 드세요?

열정쌤 쌤은 매운 거 절대 안 먹어~ 먹으면 배탈이 나서….

상훈이 그럼 불닭볶음면 같은 것도 안 드셔 보셨어요?

열정쌤 그거 한 입 먹고 포기했어. (손사래 치며) 도저히 못 먹겠더라고….

상훈이 (의아해하며) 이상하다. 전 너무 맛있는데. 갑자기 그 얘기 하니까 불닭볶음면이 먹고 싶네요. 저희 요리실습 불닭볶음면으로 한번 하면 안 될까요, 쌤?

열정쌤 그래. 담에 한번 하자. 대신 쌤은 못 먹으니까 너희들끼리만 먹어~

상훈이 네 알겠습니다. 진짜 맛있는데 왜 못 드시는지 모르겠네요.

열정쌤 너도 내 나이 돼 봐라. 나중엔 못 먹는다.

상훈이 (웃음) 하하하. 전 그때도 잘 먹을 거예요.

 **이렇게 지도해 보세요**

사람들은 일반적으로 자신의 즐거웠던 경험을 이야기할 때 대화에 적극적인 태도를 보이게 됩니다. 즐거운 경험을 이야기하며 함께 웃고 공감하는 것은 서로 친밀감을 쌓을 수 있으며 조금 더 깊은 대화가 이어지도록 해 줍니다. 따라서 상대방과 즐거운 대화를 나누고 싶다면 상대방이 자신의 즐거웠던 경험을 자연스럽게 이야기할 수 있도록 질문을 던지는 것이 중요합니다. 이렇게 되면 질문을 받은 사람은 자신의 경험을 신이 나서 이야기하게 되고 즐겁게 대화를 나눈 상대방에 대해 호감을 느끼게 됩니다.

경험에 관해 묻기 좋은 키워드 예시		
취미	여행&음식	일상
- 수영 - 게임 - 바둑, 장기 - 그림대회 - 독서, 수집 - 콘서트 - 넷플릭스	- 제주도 - 등산 - 캠핑 - 유람선 - 스키장 - 케이블카 - 음식 취향	- 헬스장 - 백화점, 마트 - 레스토랑 - 키즈 카페 - 병원 입원 - 봉사 활동 - 애완동물

대화를 나눌 때 공통된 경험이 있으면 그 대화가 더 재미있어지고 동질감과 친밀감을 느낄 수 있게 됩니다. 따라서 학생들과 주제를 선정해서 주제와 관련된 대화를 해 보고 같은 경험을 한 사람을 찾아보는

말하기 연습을 해 보면 좋습니다. 대화를 나눌 때 경험했던 것에 대한 감정에 관한 질문도 함께 건네면 대화가 조금 더 풍성해집니다.

함께하면 더 좋은 의사소통 활동

- **제목**   나의 소울메이트를 찾아라
- **인원**   학급 인원 전원(7명 이내)
- **준비물**   활동지 1, 2(첨부)
- **활동 시간**   30분
- **활동 방법**

① 활동지 1의 질문(문항 10개)을 학생들이 번갈아 가면서 읽는다.

② 문항은 경험의 여부를 묻는 질문으로 되어 있으며 문항을 한 개씩 읽을 때마다 문항의 질문을 경험한 적이 있다면 'O' 표시를 하고 경험한 적이 없으면 '×' 표시를 한다.

③ 모든 문항의 표시가 완료되면 활동지 2를 펴고 교사가 다시 첫 번째 문항부터 읽고 문항마다 'O' 표시를 한 학생의 손을 들게 해서 공통된 경험을 한 사람을 찾는다. 그리고 그 경험에 대해 간단히 질문해서 경험을 발표해 보도록 한다.

④ 학생은 활동지 2에서 자신과 같은 경험을 한 사람의 이름을 찾아 자신의 이름과 줄을 그어 연결한다. 모든 질문을 마쳤을 때 연결된 선의 개수를 각각 세어 보고 가장 많이 나와 연결된 사람(소울메이트)을 찾는다.

활동지 1의 예시

순서	질문 내용	경험 여부
1	애완동물을 길러 봤거나 현재 기르고 있다.	
2	병원에 입원해 본 적이 있다.	
3	마라탕을 먹어 본 적이 있다.	
4	이사를 한 적이 있다.	
5	봉사 활동을 해 본 적이 있다.	
6	높은 산꼭대기까지 올라가 본 적이 있다.	
7	케이블카를 타 본 적이 있다.	
8	텐트에서 자 본 적이 있다.	
9	3시간 이상 게임을 해 본 적이 있다.	
10	노래방에 가 본 적이 있다(코인 노래방 포함).	

활동지 2의 예시

이름	나의 소울메이트	

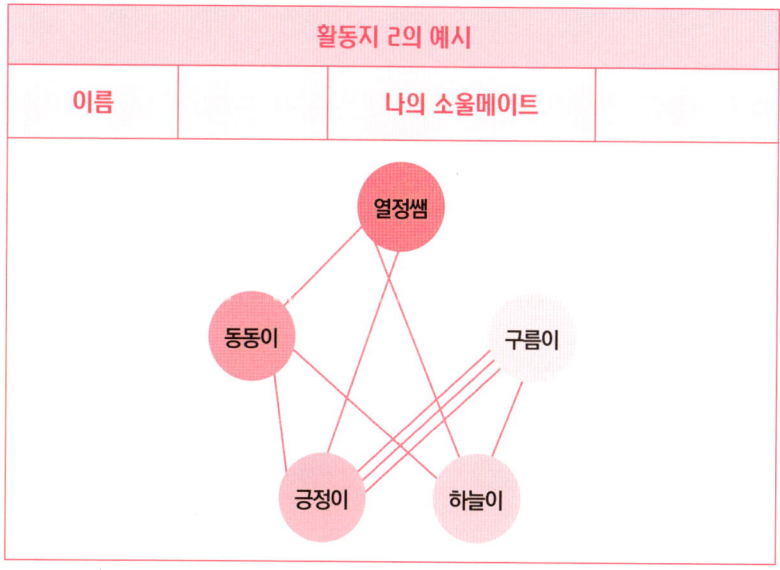

● **도움말**

  이 활동은 학생들이 자신의 과거 경험을 상기해 보고 자신과 같은 경험을 한 친구를 찾아보는 활동입니다. 활동에서 주의할 점은 단순히 질문 내용을 보고 같은 경험을 한 친구를 찾아 선으로 이어 보는 활동에서 그칠 것이 아니라 특정 경험에 대한 학생의 이야기를 최대한 끌어내는 것이 중요합니다. 예를 들어 애완동물을 길러 본 경험에 관한 질문이라면 해당하는 학생이 있을 경우, 어떤 종류의 애완동물인지, 언제부터 길렀는지, 이름은 무엇인지 등 질문을 주제로 학생들과 즐거운 대화를 이어 갈 수 있습니다. 활동지 1, 2는 학생의 수준이나 환경에 따라 적절히 변경하여 사용 가능하며 중도장애 학생의 경우 질문지를 학부모에게 사전에 부탁하여 회수하고 중도장애 학생은 활동지 2의 이름 줄 긋기를 교사나 보조 인력과 협력하여 수행하도록 지도할 수 있습니다.

4주차 수요일

DAY 18
너는 어떤 과자를 가장 좋아해?

음식에 대한 취향 물어보기

이번 시간의 대본에는 학급에서 과자 파티를 앞둔 교사와 학생들의 대화 내용을 담았습니다. 학생들이 좋아하는 과자를 주제로 상대방이 어떤 것을 좋아하는지, 그리고 왜 좋아하는지를 묻고 대답하는 상황이 제시됩니다. 이번 에피소드의 연습을 통해 학생들은 상대방의 취향을 적극적으로 물어볼 수 있으며 친밀감을 위한 대화를 이어 갈 수 있을 것입니다.

대본을 보고 역할극을 해 봐요

교실에서 과자 파티를 하는 날! 각자 자신이 가장 좋아하는 과자를 2개씩 가지고 오기로 한 상황이다. 교사와 학생들이 서로가 어떤 과자들을 좋아하는지 묻는다.

열정쌤 자~ 오늘 우리 반 과자 파티 하기로 한 거 알고 있지?
동동이 (큰 목소리로) 네! 당연하죠! 이 시간만을 기다렸습니다!
열정쌤 각자 자기가 가장 좋아하는 과자를 가지고 오기로 했죠?
긍정이 넵!
열정쌤 다들 뭘 가지고 왔는지 궁금한데?

동동이 (긍정이를 바라보며) 긍정아! 뭐 가져왔어? 너는 어떤 과자를 가장 좋아해?
긍정이 난 스윙칩을 가장 좋아해. 그래서 그거 사 왔어.
동동이 그래? 그게 뭐였지?
긍정이 감자칩인데 조금 매운 거야.
동동이 아~ 그거. 그게 왜 좋은데?
긍정이 맛있으니까~ 난 감자 과자가 좋아. 이건 특히 약간 매콤하고 크기가 커서 더 좋아해. 넌 어떤 과자를 가장 좋아해?
동동이 난 새우깡을 좋아해. 거의 일주일에 한 번은 꼭 먹는 거 같아.
긍정이 새우깡은 나도 좋아하긴 해~ 요즘에 새로운 맛도 나왔던데?
동동이 아~ 그거 트러플 맛 나는 거? 그거는 좀 내 스타일이 아니더라고. 난 그냥 새우깡이 좋아.

긍정이 아니~ 그거 말고 무슨 먹태 맛이 나는 거라던데?

동동이 먹태? 아! 그거 지금 감자마켓에서 그거 사람들이 막 비싸게 팔고 그러잖아.

긍정이 맞아. 나도 그거 한번 먹어 보고 싶다.

동동이 뭐. 그냥 그거 술안주지 뭐~

긍정이 응? 네가 술안주인지 어떻게 아니?

동동이 (당황하며) 아…. 그냥 알지 뭐. 하하하….

긍정이가 열정쌤을 바라본다.

긍정이 쌤은 어떤 과자를 가장 좋아하세요?

열정쌤 쌤은 오징어땅콩을 가장 좋아해.

긍정이 그거 별론데 그거 왜 좋아하세요?

열정쌤 아~ 정말. 너희들 진정한 과자의 맛을 모르는구나.

긍정이 아닌데~ 그거 별론데.

열정쌤 그게 술안주로도 참 좋단다. 맥주랑 같이 먹으면 얼마나 맛있는데 캬~ 갑자기 맥주가 땡기는구나.

긍정이 (투정 부리듯 웃으며) 갑자기 왜 술 이야기를 하세요. 쌤!! 동동이도 술 이야기했는데!!!

열정쌤 응??

동동이 아…. 참고로 저는 술이라고 안 했고 숨아주라고 했습니다. 하하~

열정쌤 (웃으며) 나중에 어른 되면 먹어 봐~ 벌써부터 술 먹을 생각하지 말고!

동동이 술은 맛없습니다. 안 먹을 겁니다!

긍정이 (혼잣말로) 술이 맛없는지 어떻게 알지? 수상해~

열정쌤 암튼! 과자 파티를 하는데 이렇게 각자 자기가 좋아하는 것을 가지고 오니까 누가 뭘 좋아하는지도 알게 되고 좋은 걸?

긍정이 맞아요. 서로 좋아하는 게 다르네요. 같은 것도 있고요.

동동이 선생님! 저희 빨리 과자 파티해요!!!

열정쌤 그래 좋아! 다들 지금 당장 과자를 꺼낸다. 실시!!

학생 일동 옛썰!!

💡 이렇게 지도해 보세요

　상대방이 좋아하는 것을 물어보는 것은 훌륭한 말하기 전략입니다. 상대방이 좋아하는 것을 물어보는 것은 상대방을 더 잘 이해할 수 있게 해 주고 친밀한 관계를 형성하는 데 도움이 됩니다. 이러한 질문을 받은 사람은 대답하는 데 큰 부담을 느끼지 않기 때문에 편하게 대답할 수 있어서 자연스러운 대화를 나눌 수 있게 됩니다.

　상대방이 좋아하는 것을 물어볼 때는 단순하게 "뭘 좋아해?"라고 묻기보다는 "네가 가장 좋아하는 음식이 뭐야?"와 같이 구체적으로 질문을 하도록 지도해 보세요. 질문을 한 다음 상대방의 대답을 들었을 때는 "그 이유는 뭐야?" "왜 좋아하는 거야?"와 같은 추가 질문을 꼭 하도록 가르쳐 주세요.

　질문을 받은 학생은 자신의 의견을 이야기하고 나서 상대방에게 같은 방법으로 되묻기를 하도록 지도해 보세요. 예를 들어 "넌 어때?" "네 생각은 어때?" "네가 가장 좋아하는 음식은 뭐야?"와 같이 되묻도록 지도합니다. 아래의 질문과 예시를 참고하여 학생들과 즐거운 대화를 해 보세요.

상대방의 선호나 취향을 묻는 질문의 소재 예시 "네가 가장 좋아하는 ( )은 뭐야?"		
- 운동선수 - 노래 - 게임 - 책 - 라면	- 연예인 - 과자 - 음료수 - 배달 음식 - 여행지	- 나라(국가) - 운동 - 과목 - 꽃 - 과일

함께하면 더 좋은 의사소통 활동

- **제목**   형님 과자를 찾아라!
- **준비물**   다양한 종류의 과자, 과자 사진 자료, 활동지
- **활동 시간** 40분
- **활동 방법**

① 다양한 종류의 과자를 여러 개 준비한다(최소 5개 이상).
② 대화를 나누면서 과자의 나이를 추측해 본다.
③ 인터넷 검색을 통해 과자의 나이(출시 연도)를 찾아본다.
④ 출시일을 기준으로 활동지에 과자의 나이를 적는다.
⑤ 가장 형님인 과자 순서대로 과자 사진을 붙여 본다.

- **도움말**

　이 활동은 학생들이 좋아하는 과자를 교재로 활용하여 과자의 출시 연도를 알아보는 활동입니다. 과자의 출시 연도를 인터넷 검색을 통해 확인해 보고 어떤 과자가 가장 오래되었는지, 가장 최근에 나온 과자는 무엇인지, 내가 태어난 해에 출시된 과자는 무엇인지 등을 확인하고 비교하면서 숫자의 크기 비교도 자연스럽게 학습할 수 있습니다. 이 활동은 학급에서 과자 파티를 할 때 자연스럽게 연계해서 실시하면 좋으며 과자의 성분 알아보기, 과자봉지의 그림 살펴보기, 과자 이름의 뜻 알아보기, 과자 공장의 위치를 지도에서 찾아보기 등 추가적인 활동으로 연계하여 지도하면 더욱 좋습니다.

과자명	내가 생각하는 출시 연도	실제 출시 연도	과자 명	내가 생각하는 출시 연도	실제 출시 연도
바나나킥		1978	허니버터칩		2014
빼빼로		1983	새우깡		1971
초코파이 情		1974	쵸코송이		1984

- 가장 나이가 많은 과자 순서대로 과자 사진을 붙여 보세요.

| | | | | | |

- 인터넷에서 '과자 판매량 순위'를 검색해 보고 내가 사 온 과자가 몇 위인지 찾아보세요.

- 출시한 지 오래된 과자가 현재까지도 과자 판매량 순위에서 높은 순위를 유지하는 이유는 무엇일까요?

4주차 목요일

DAY 19

다목적실이 어디에 있어요?

학교의 특별실 장소 물어보기

특수교육대상학생은 낯선 곳에서뿐만 아니라 매일 가던 학교 복도에서도 가끔은 가야 할 장소를 찾지 못하고 서 있을 때가 있습니다. 어디로 가야 하는지 묻지 못하기도 하고, 지나가시던 선생님이 어디에 가야 하는지 물어도 대답을 못 하기도 하고, 장소를 말하더라도 왼쪽, 오른쪽, 몇 층 등 복합적인 설명에 길을 못 찾기도 합니다. 오늘 학습할 내용은 이런 특수교육대상학생을 위해 장소를 묻는 방법과 위치 관계를 알려 주는 내용으로 꾸며져 있습니다.

대본을 보고 역할극을 해 봐요

쉬는 시간 운동장에서 놀다 늦게 교실에 돌아온 동동이는 교실 안에 아무도 없어 당황한다. 어쩔 줄 몰라 복도에서 혼자 우왕좌왕하던 동동이는 복도에 지나가는 희망쌤을 발견하고 달려간다.

동동이 (조급하게) 선생님~ 애들 다 어디 갔어요?

희망쌤 (당황한 표정으로) 무슨 애들?

동동이 저희 반 애들이요~

희망쌤 (당황스러운 말투로) 너희 반 애들?

동동이 네.

희망쌤 글쎄, 갑자기 나타나서 애들 어디 갔냐고 물으면 어떻게 대답해.

동동이 아니. 저희 반 애들이 안 보여서….

희망쌤 조금 자세하게 이야기해 볼래? 무슨 말인지 모르겠는데. 네가 지금 몇 학년 몇 반이지?

동동이 네, 저 1학년 1반 동동이인데요. 쉬는 시간에 운동장에서 놀다가 조금 늦게 교실에 왔더니 아무도 없었어요. 저희 반 애들 다 어디에 갔는지 혹시 아시면 좀 알려 주세요.

희망쌤 그래~ 그렇게 설명해야지. 알았어. 잠깐만, 너 1학년이라고 했지? 1학년 지금 임시 다목직실 앞에서 결핵 검사한다고 아까 빙송 나왔잖아.

동동이 아! 결핵 검사한다고 했던 것 같아요.

희망쌤 그래. 어서 임시 다목적실로 가봐.

동동이 아~ 임시 다목적실이 어디에 있어요?

희망쌤 거기 어딘지 몰라? 최근에 다목적실 공사해서 임시로 1층 빈 교실로 옮겼어. 1층 계단으로 내려가서 왼쪽 복도를 따라가다가 오른쪽 마지막 교실이 임시 다목적실이야.

동동이 선생님, 근데 죄송한데 제가 잘 이해하지 못했어요. 다시 한번 말씀해 주시면 안 될까요?

희망쌤 계단으로 1층 내려가서 왼쪽으로 꺾어 복도를 따라 쭉 가다 보면 오른쪽 마지막 교실이야.

동동이 계단으로 1층 내려가서 왼쪽으로 꺾으라고요?

희망쌤 그래, 거기서 복도 앞으로 쭉 가 봐. 아니다. 선생님이 그냥 데려다줄까?

동동이 네. 선생님. 감사합니다.

이렇게 지도해 보세요

　교실 이동 수업이나 일반 학급에 간다던 특수교육대상학생이 없어져 학교 여기저기를 찾아다닌 적이 있으신가요? 가끔 혼자 잘 찾아가던 교실도 어떤 이유에서인지 교실을 찾지 못하고 엉뚱한 교실 앞에서 멀뚱히 있는 특수교육대상학생을 보기도 합니다. 학교 안에서 사라졌을 때는 그나마 다행이지만 학교 밖에서 길을 잃었을 때는 매우 위험한 상황이 발생할 수도 있기 때문에 위치를 묻고 상대방의 대답을 이해하는 것은 매우 중요한 일입니다.

　우선 특수교육대상학생이 자신이 장소나 길을 잘못 찾았다는 것을 인지할 수 있도록 해야 합니다. 수업 시간에 맞춰서 교실에 갔는데 교실에 아무도 없다거나, 체육 시간인 줄 알고 체육관에 갔는데 우리 반 아이들이 없다거나, 현장체험학습과 같은 외부 활동에서 어느 순간 주변을 둘러보니 내가 아는 얼굴이 아무도 없을 때와 같이 정황상 잘못됐다는 것을 알아차릴 수 있어야 합니다. 특수교육대상학생이 자주 경험하거나 발생할 수 있는 상황을 알려 주고 이런 경우에는 길을 묻거나 주변 사람의 도움을 구하라고 알려 주세요.

　위치와 장소 개념을 가르칠 때 처음부터 세부적인 사항까지 지시하지 말고 교실과 같이 큰 장소 개념부터 익힌 후에 왼쪽, 오른쪽, 몇 번째와 같은 세부적인 위치 관계를 익히도록 지도해 주세요. 더불어 특수교육대상학생이 평생 학교에만 머무를 것이 아니기 때문에 사회에서도 적용할 수 있도록 일상에서 많이 사용하는 위치 개념도 함께 알려 주시면 일상생활과 사회 적응에도 도움이 될 수 있을 것입니다.

장소나 물건을 찾을 때 도움이 되는 말하기 방법

1. 상대적 위치: 물건이나 장소와의 상대적 위치 설명
   (예: "물건은 교실 오른쪽에 책장 중 두 번째 책장 위에서 세 번째 칸에 있어요.")
2. 고유한 특징: 물건이 있는 위치 근처 특징적인 것이 있다면 그것을 통해 설명
   (예: "창고 왼쪽 수납장에 개구리 모양의 초록색 스티커가 붙어 있는 상자 안에 있어.")
3. 방향: 직진, 왼쪽, 오른쪽, 맞은편, 건너편
   (예: "여기서 직진하시면 오른쪽에 목적지가 있어요.")
4. 랜드마크: 특별한 건물이나 표지판을 이용
   (예: "△△중학교 아세요? 바로 옆 건물이에요.")
5. 거리: 현재 위치에서 이동 거리를 설명
   (예: "여기서 50미터 정도 직진하시면 바로 앞에 있어요.")
6. 주요 도로 이름이나 다리 이름: 가까이 있는 주요 도로나 이름 언급
   (예: "□□로를 따라가다가 ○○사거리에서 우측으로 가세요.")
7. 정류장이나 역 이름: 가까이 있거나 목적지에 가까운 대중교통 장소 활용
   (예: "☆☆터미널 입구 맞은편에 있어요.")

🧩 함께하면 더 좋은 의사소통 활동

- **제목**　　보물찾기 게임
- **준비물**　　보물 내용이 적힌 종이, 보물(강화물), 안내 카드
- **활동 방법**

① 교내 특정 장소에 보물이 적힌 종이를 숨겨 둔다. 교실 안으로 범위를 한정해도 좋고 교실 주변 10m 이내, 혹은 1층 등 범위를 확장해도 좋다.

② 보물이 적힌 종이의 위치를 설명하는 카드를 학생에게 준다. 종이에는 위치의 개념을 학습할 수 있도록 자세한 설명을 적는다.
(예: "교실에 있는 벽시계의 아래쪽 책갈피에 꽂혀 있는 책들 사이에 보물이 있습니다.")

③ 거리나 장소에 따라 돌아올 시간을 정해 주고 시간 내 종이를 찾아 오도록 안내한다.

④ 찾아온 종이에 적힌 보물(강화물)을 제공한다.

- **도움말**

　보물은 특수교육대상학생과 상의하여 희망하는 강화물을 제공합니다. 간단한 간식이나 학용품이 되어도 좋고, 컴퓨터 게임 5분 하기, 오늘 급식 1등으로 먹기 등으로 하되 과하지 않고 학생이 원하는 것으로 정하면 좋습니다. 단순한 강화물 대신에 종이에 수학 문제를 넣거나 학습과 관련한 내용을 넣어 수업과 연계되는 활동으로 응용해도 좋습니다.

4주차 금요일

DAY 20
조금만 조용히 해 줬으면 좋겠어

도서관에서의 예절에 대해 말하기

오늘은 도서관 예절에 대하여 알아보고 예절과 관련한 말하기 연습을 하도록 하겠습니다. 더하여 공공장소 예절의 중요성과 이에 관련된 책을 하나 소개해 드리겠습니다. 특수교육대상학생들이 공공장소 예절을 잘 지킬 수 있도록 연습해 보시기 바랍니다.

대본을 보고 역할극을 해 봐요

학생들이 학교 도서관에 도착하여 책을 고르려고 하고 있다.

열정쌤 자! 이번 시간에는 자유롭게 책 읽을 시간을 줄 테니까 자기가 읽고 싶은 책 찾아서 책 읽는 자리로 돌아오도록 하세요.
다같이 네~
열정쌤 그리고 도서관에서는 조용히 해야 하는 거 알죠?
선정이 네!! 알겠습니다. 은율아, 넌 어떤 책 읽을 거야?
은율이 나? 『과학 도둑』 2탄! 어제 1탄 봤는데 진짜 재밌었어.
선정이 그거 재밌어~ 그럼 나도 한번 봐 볼까?
은율이 봐봐~ 재밌어. 근데 그게 인기가 많아서 다른 애들이 금방 빌려 가던데.
선정이 그래? 그럼 빨리 가서 찾아보자.

선정이와 은율이가 『과학 도둑』이 있는 쪽으로 뛰어간다.

은율이 (책장 앞에서 큰 소리로 외친다) 아! 여기 있다!!!!
선정이 (큰 소리로) 유후~~ 좋아!
열정쌤 누구야~! 지금 시끄럽게 떠드는 사람! 조용히 해~
선정이 (놀라며 작은 소리로) 헉. 야! 우리 조용히 해야겠다.
은율이 (당황하며) 그, 그래.

10분 뒤 『과학 도둑』을 함께 보던 선정이와 은율이가 책이 너무 재밌는 나머지 이야기를 하며 떠들기 시작한다.

선정이 (떠들며) 야, 이거 봐라, 하하하. 여기 판다 지금 방귀 꼈다!

은율이 크크크. 웃긴다, 웃겨.

선정이 그러게 말이야. 헉! 여기 봐. 판다 똥 색깔이 초록색이야!

은율이 헐! 민트초코 같잖아!

선정이 우웩! 야! 나 민트초코 좋아하는데 그런 소리를!

은율이 (큰 소리로) 꺄~~~~~

보람이가 와서 선정이와 은율이에게 말을 건다.

보람이 저기, 얘들아.

선정이 (놀라며) 응?

보람이 아까부터 조금 신경이 쓰여서 그러는데 조금만 조용히 해 줬으면 좋겠어.

은율이 아…. 그래. 미안. 우리가 떠들어서 그렇지. 미안해.

선정이 미안. 조용히 할게. 너무 재밌어서 우리가 떠드는지도 몰랐어.

보람이 그래. 도서관에서는 예절을 지켜야 하니까 조용히 얘기하든지 밖에 나가서 얘기하면 좋겠어~

은율이 그래, 알았어~ 미안!

선정이 은율아 우리 진짜 조용히 해야 할 것 같아.

은율이 맞아. 도서관이니까 조용히 책 보자.

💡 이렇게 지도해 보세요

공공장소에서 눈살을 찌푸리신 경험이 있으신가요. 우리는 종종 대중교통을 이용할 때 큰 소리로 전화를 하거나, 영화 관람 시 옆 사람과 대화하는 사람, 줄을 서고 있는데 새치기하는 사람들처럼 남을 배려하지 않는 사람들을 보면 불편하고 불쾌한 마음을 느끼곤 합니다.

특수교육대상학생들에게 다양한 공공장소와 장소에 맞는 예절을 지도해 주세요. 공공장소 예절을 지도할 때 가장 중요한 것은 어떤 공공장소든지 상대방을 생각하고 배려하는 마음을 가져야 한다는 것입니다.

학생들이 함께 읽어 보면 좋을 『나 하나쯤 뭐 어때』라는 책을 소개합니다. 우리가 흔히 접할 수 있는 공공장소에서 지켜야 할 예절을 자세히 설명하는 책입니다. 책의 그림과 구체적인 내용을 통해 공공장소의 예절에 대해 더욱 이해하기 쉬울 것입니다.

『나 하나쯤 뭐 어때?』(이지현 글, 서현 그림, 키위북스, 2011.)

🧩 함께하면 더 좋은 의사소통 활동

- **제목**   데시벨 게임
- **준비물**   핸드폰 어플(소음 측정기), 도서관 예절 다짐서
- **활동 방법**

① 학생들이 지켜야 하는 최소, 최대 데시벨을 약속한다(도서관에서 소곤소곤하게 말하는 데시벨은 약 40dB이다).
② 정해진 시간 동안 학생들은 기준 데시벨을 초과하지 않고 적절하게 (25dB~45dB 사이) 도서관 예절 다짐서를 읽어야 한다.
③ 기준 데시벨을 초과하지 않고 도서관 예절 다짐서를 전부 읽은 학생은 성공이다.

도서관 예절 다짐서
1. 소곤소곤 이야기해요.
2. 뛰어다니지 않아요.
3. 읽은 책은 제자리에 놓아요.
4. 책은 소중히 여겨요.
5. 음식을 먹지 않아요.

- **도움말**

  정해진 최소, 최대 데시벨을 지켜 도서관 예절 다짐서를 읽는 활동을 통해 목소리를 조절하여 말하는 연습의 기회를 제공할 수 있습니다. 일부러 큰 목소리로 대화를 해 보고 어느 정도의 목소리 크기가 소음인지 확인해 보는 것도 좋습니다.

WEEK 5
말하기 연습

월요일   질문 대답을 위한 추가 시간 요구하기

화요일   몸이 아픈 상황에서 의사표현하기

수요일   청소할 때 친구에게 도움 요청하기

목요일   친구에게 동의 구하기

금요일   급식을 받으며 의사표현하기

5주차 월요일

DAY 21
생각할 시간을 조금 더 주세요

질문 대답을 위한 추가 시간 요구하기

이번 시간에는 교사가 학생에게 질문한 후 대답할 시간을 충분히 주지 않고 교사가 스스로 대답하는 내용을 담았습니다. 많은 교사가 질문을 하고 나서 학생에게 생각할 시간을 충분히 주어야 함에도 불구하고 대답을 기다리지 못하고 자답을 하곤 합니다. 이러한 상황이 발생했을 때 학생이 교사에게 생각할 시간을 더 달라고 요청할 수 있다면 좋을 것입니다.

대본을 보고 역할극을 해 봐요

어느 사회 시간, 교실에서 열정쌤이 쓰레기 재활용에 대해 설명을 하고 있다. 열정쌤은 학생들에게 질문을 하고 충분한 시간을 주지 않고 자신이 대답해 버린다.

열정쌤 (심각한 표정으로) 최근에 미세 플라스틱이 큰 환경 문제가 되고 있어요. 미세 플라스틱에 대해서 들어 본 사람 있나요?

효민이 들어 본 것 같긴 해요. 뉴스나 유튜브에서 들어 본 것 같아요.

열정쌤 플라스틱은 뭔지 알죠, 다들? 근데 플라스틱이라는 말 앞에 미세라는 말이 붙었죠. 그럼 무슨 뜻일까요?

효민이 (주저하며) 음….

열정쌤 (기다리지 않고) 미세라는 말은 아주 작다는 뜻이죠. 그래서 미세 플라스틱이라는 거는 아주 작은 플라스틱을 말하는 거예요.

효민이 (아쉽다는 듯) 아, 저도 알아요. 작은 플라스틱.

열정쌤 뉴스를 보니까 미세 플라스틱이 문제인 이유는 우리가 마시는 물이나 음식들에 많이 포함되어 있는 경우가 많다고 해요.

효민이 (혼잣말로) 아…. 음식에도 들어 있구나….

열정쌤 미세 플라스틱을 우리가 먹게 되면 어떻게 될지 효민이가 이야기해 볼까요?

효민이 (생각하는 태도로 작은 목소리로 천천히 대답한다) 글쎄요….

열정쌤 (학생이 대답할 시간을 충분히 주지 않으며) 효민아! 생각해 봐. 플라스틱을 먹으면 우리 몸의 일부분에 쌓일 수도 있고 혈관을 막을 수도 있어. 플라스틱 때문에 우리가 배탈이 나거나 병에 걸릴 수도 있고.

효민이 (당황하며) 네. 선생님 저도 그렇게 생각했어요.

열정쌤 그래? 그럼 미세 플라스틱은 왜 생기는 걸까?

효민이 (생각하며 주저한다) 미세 플라스틱은….

열정쌤 (말을 자르며) 봐봐, 우리가 플라스틱을 많이 쓰잖아. 그런 플라스틱이 쓰레기가 돼서 바다로 가다 보면….

효민이 (선생님의 말을 차단하며) 쌤!

열정쌤 (놀라며) 응?

효민이 저기… 생각할 시간을 조금 더 주세요. 천천히 생각하면 대답을 잘할 수 있을 것 같아요.

열정쌤 (멋쩍은 웃음으로) 아! 그래? 미안하다. 쌤이 질문하고 많이 못 기다려 줬네.

효민이 네. 제가 얘기하려고 하는데 쌤이 그냥 물어보고 답까지 이야기해 버리셔서요.

열정쌤 (당황하며) 아. 그래. 그럼. 시간을 줄 테니까 천천히 한번 생각해 봐. 질문은 '미세 플라스틱이 왜 생길까?'였어.

효민이 네. 천천히 생각해 보고 대답할게요. 저는 생각하는 데 시간이 더 필요한 것 같아요.

열정쌤 그래, 맞아. 내가 마음이 급해서 생각할 시간을 충분히 주지 못한 것 같아. 앞으로는 조금 더 기다릴게. 천천히 생각하고 대답해도 돼~

효민이 네. 알겠습니다.

이렇게 지도해 보세요

학생들에게 질문을 하고 대답을 할 때까지 얼마나 기다려 주시나요? 대부분 교사가 학생의 대답을 기다리는 시간은 겨우 1~2초밖에 되지 않는다고 합니다. 강연 같은 곳에서 사회자로부터 갑자기 질문을 받았다고 생각해 보세요. 그럴 땐 머릿속이 하얘져서 말문이 막힐 확률이 높습니다. 학생들도 마찬가지입니다. 교사가 무심코 건넨 질문에 갑자기 대답하려면 뭐라고 대답해야 할지 모를 수 있습니다.

수업 시간이 지체되지 않기 위해서, 혹은 학생의 대답이 늦어서 답답한 마음이 들기 때문에 교사가 질문하고 교사가 대신 대답해 버리는 경우가 많이 있습니다. 앞으로는 질문 후 대답을 듣기까지 최소한 3초는 보장을 해 주어야 하고, 어려운 질문일수록 더 많은 시간을 학생에게 보장해 주어야 합니다. 학생에 따라 다른 학생들보다 대답하는 데 더 오랜 시간이 필요한 학생이 있기 때문입니다.

교사가 학생이 충분히 생각하고 대답하는 데 시간을 보장해 준다면 학생은 더욱 길고 자세한 대답을 할 수 있고 문제나 질문을 분석하는 데 도움이 됩니다. 또한 자신감을 가지고 대답을 할 수 있게 되며 학생은 사고력을 증진할 수 있게 됩니다. 학생이 교사에게 다음과 같이 적극적으로 요청하도록 가르쳐 주세요. "선생님! 생각할 시간을 조금 더 주세요."

학생들에게 생각할 시간을 보장해 주기 위해 이렇게 말해 주세요.

- 천천히 대답해도 돼. 충분히 시간 줄게!
- 바로 말하기 어려우면 생각해 보고 글씨로 적어 봐도 돼.
- 시간이 더 필요하면 언제든지 이야기해.
- 틀려도 괜찮으니 너의 생각을 편하게 이야기해 줘.
- 생각이 잘 정리될 때까지 선생님이 기다릴게.
- 무조건 이야기하지 않아도 돼.
- 선생님 생각을 먼저 말해 줄까?

학생들이 생각하고 대답했을 때 학생들의 자존감을 높여 주기 위해 이렇게 말해 주세요.

- 좋은 생각이야. 어떻게 그런 생각을 했니? 대단해~
- 네 생각을 그렇게 잘 설명해 줘서 고마워.
- 네가 말하는 게 무슨 말인지 잘 알겠어. 그렇게 말해 주니까 이해가 잘된다.
- 그렇게 생각할 수도 있겠다. 선생님도 새롭게 알았어.
- 너무 멋진 생각인 것 같아.
- 그렇게 생각을 깊게 하고 이야기하니까 이렇게 훌륭한 대답을 하는구나.
- 네 생각을 잘 표현하는 모습이 정말 멋있어.

함께하면 더 좋은 의사소통 활동

- **제목** "주세요" 의사소통 활동
- **대상** 의사소통훈련이 필요한 특수교육대상학생(중도중복장애)
- **준비물** 피젯 스피너, 양면테이프, 네오디움 자석, 공CD
- **활동 방법**

① 피젯 스피너와 공CD를 붙이면 아주 간단히 룰렛 도구를 만들 수 있습니다.

② 피젯 스피너의 가운데 부분에 네오디움 자석을 붙이면 룰렛 도구를 여러 군데에 붙일 수 있어 유용한 학습 도구가 되며 피젯 스피너와 공CD를 붙인 룰렛판에 활동지를 붙여서 룰렛 활동을 시작합니다.

③ 교실에 있는 물건들의 그림과 이름이 적힌 룰렛을 돌려서 나오는 것을 달라고 요구하도록 지도합니다. 예를 들어 '가위'가 나왔을 경우 "가위 주세요."라고 말하도록 지도하고 교사는 가위를 제공합니다.

④ 룰렛을 2개로 만들어 두 번째 룰렛은 '주다', '받다'의 개념을 함께 학습해도 좋습니다. 예를 들어 첫 번째 룰렛에서는 '지우개'가 나오고 두 번째 룰렛에서 '받다'가 나왔을 경우 학생이 지우개를 달라고 요구하도록 지도하여 의사소통 훈련을 할 수 있습니다.

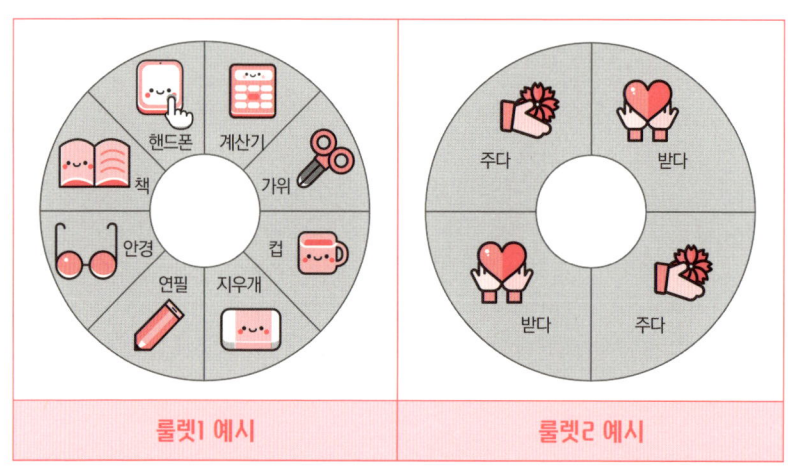

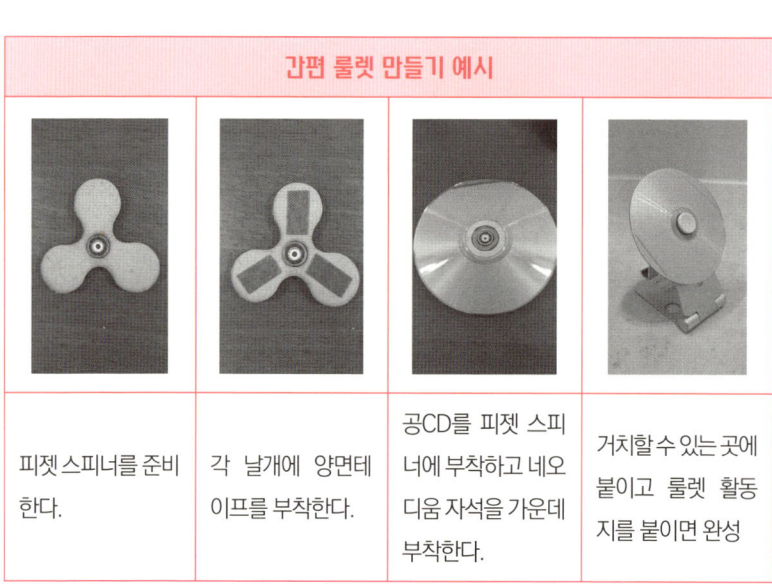

● **도움말**

이 활동은 학생들이 룰렛이라는 간단한 놀이 도구를 통해 의사소통 훈련을 할 수 있습니다. 지적장애학생, 자폐성장애학생, 중도중복장애학생 등 의사소통훈련이 필요한 학생들에게 적합한 활동입니다. 룰렛을 돌려서 나오는 그림을 보고 달라고 요청하거나 찾아서 전달하는 활동을 반복적으로 수행하면서 의사표현과 지시 따르기를 연습할 수 있습니다. 룰렛의 그림이 숙달되면 그림을 변경해 가면서 난이도를 높여 의사소통훈련을 진행할 수 있습니다.

5주차 화요일

DAY 22
선생님, 저 잠깐 쉬고 싶어요

몸이 아픈 상황에서 의사표현하기

이번 내용에서는 몸이 아픈 상황에 적절하게 대처하여 말하는 방법을 담았습니다. 특수교육대상학생의 경우 자신의 상태를 적극적으로 알리지 못하는 경우가 있어 몸이 아픈데도 불구하고 수업을 계속 듣거나, 짜증이나 화를 내는 등의 방법으로 자신의 상태를 알리고는 합니다. 이번 대화를 통해 자신의 상황을 적극적으로 알리는 방법을 배웠으면 합니다.

대본을 보고 역할극을 해 봐요

수요일 수업 시간, 열정쌤은 지난주 발달장애인훈련센터로 현장체험학습을 갔었던 내용으로 학생들에게 발표 수업을 하고 있습니다.

열정쌤 체험 학습에서 어떤 역할을 해 봤는지 이야기해 보고, 소감도 함께 발표해 보면 좋을 것 같아요. 누가 먼저 해 볼까요?

진선이 제가 발표해 보겠습니다.

열정쌤 그래요. 진선이가 먼저 발표해 봅시다.

진선이 발달장애인훈련센터에 가서 마트 계산원 역할을 해 봤습니다. 미래에 내가 할 수 있는 직업을 미리 해 볼 수 있어서 즐거운 시간이었습니다. 계산하는 게 좀 어렵기는 했지만, 자꾸 하다 보니 재미있었습니다.

열정쌤 진선이 발표 잘했어요. 계산하는 게 쉽진 않았지?

진선이 네. 그래도 다음에 하면 더 잘할 수 있을 것 같아요.

열정쌤 그래? 역시 진선이 대단해. 쌤이 봤는데 정말 잘하더라.

진선이 저 나중에 편의점 아르바이트도 할 수 있을 것 같아요.

열정쌤 그래~ 맞아. 진선이는 잘할 수 있을 거야. 진선이 발표 잘했고, 우리 진선이한테 잘했다고 모두 박수 한번 쳐 주세요.

학생들이 박수를 쳐 준다.

열정쌤 미래에 갖게 될 직업에 대해 알아볼 수 있는 시간이었지요. 자 다음은 누가 한번 발표해 볼까요? 한솔이가 발표해 볼까요?

한솔이 (힘들어하는 표정으로) 네, 지난 발달장애인훈련센터에서 바리스타 체험을 한 게 기억에 남습니다. 그리고 또….

열정쌤 한솔아? 한솔이 표정이 왜 그래? 몸이 안 좋니?

한솔이 저…. 선생님 죄송한데요.

열정쌤 (걱정되는 표정으로) 응? 그래. 이야기해 봐.

한솔이 선생님, 지금 제가 배가 갑자기 아파서 그러는데 조금만 쉬었다가 하면 안 될까요?

열정쌤 배가 갑자기 왜 아프지? 많이 아프니?

한솔이 네, 갑자기 좀 아픈 것 같아요.

열정쌤 혹시 많이 아프면 보건실에 가서 쉬는 것도 괜찮은데. 보건실에 가서 약을 좀 먹고 올래?

한솔이 네. 선생님 보건실에서 약 먹고 좀 쉬고 싶어요.

열정쌤 그러렴, 한솔아. 얼른 일어나. 혼자 가기 그러니까 진선이가 한솔이랑 같이 보건실 좀 다녀올래?

진선이 네, 선생님.

열정쌤 그래. 진선아, 고마워~ 한솔이는 얼른 가서 약 먹고 누워 있어. 쌤이 수업 끝나면 보건실로 갈게.

한솔이 네, 알겠습니다.

💡 이렇게 지도해 보세요

특수교육대상학생의 경우, 자신의 의사를 명확히 밝히는 능력이 부족할 수 있습니다. 장애의 정도가 심할수록 말로 무언가를 표현하기보다는 짜증이나 화를 내는 등의 행동으로 자신의 상태를 얘기하는 경우가 있습니다. 이와 같은 상황은 교사가 학생의 건강 상태를 정확히 파악할 수 없다는 점에서 큰 문제가 될 소지가 있습니다. 이를 막기 위해 교사는 학생 자신이 현재 상태를 적극적으로 알릴 수 있도록 지도해야 합니다.

첫 번째는 간단하게 손을 들거나 선생님을 찾는 방법이 있습니다. 수업 중 손을 들어 자신의 상태가 좋지 않음을 알리거나, "선생님." 하고 짧게 불러 교사의 주의를 끈 뒤, 상태에 따라 조치할 수 있을 것입니다.

두 번째는 위 대화 상황처럼 자신의 현재 상태를 말로써 적극적으로 알리는 것입니다. 쉬는 시간 또는 수업 시간에 자신의 상태가 좋지 못하면 우선 교사에게 자신이 아프다는 것을 적극적으로 알리고 '어느 부분이', '어떻게' 좋지 않은지 이야기하면 교사의 후속 조치에도 큰 도움이 될 것입니다.

마지막으로는 장애의 정도가 심한 학생들에게 적용할 수 있는 AAC를 활용한 보완대체의사소통방법이 있을 수 있습니다. 구어 표현이 어려운 중증 학생의 경우, AAC판 위의 '병원 그림'을 누르게 한다거나, "나 아파요."라고 미리 녹음된 버튼을 재생하도록 하여 자신의 상태를 적극적으로 알리도록 지도할 수 있습니다.

교사는 특수교육대상학생의 신체적 표현, 즉 행동에 관심을 기울여야 합니다. 예를 들어 학생이 걷다가 자주 주저앉는다면 평발이라든가 기타 이유로 걷는 것이 힘든 것일 수도 있습니다. 또는 머리를 자주 목 뒤로 돌리는 행동을 한다면 목이 불편한 상황일 수 있습니다. 이처럼 말로 표현하지 못하는 특수교육대상학생의 경우 행동이나 몸짓으로 아픔을 표현할 수 있습니다. 따라서 학생들의 신체적 표현에 주목하고, 얼굴 표정, 자세, 손짓 등을 통해 불편함을 파악하여 선제적으로 조치해야 할 필요가 있습니다.

학생이 몸이 아플 땐 이렇게 말할 수 있도록 지도해 보세요	
아픈 부위	"머리가 아파요."보다는 "머리 뒤쪽이 아파요."
통증 정도	"많이 아파요."보다는 "10점 중에 8점 정도 아파요."
통증 양상	"그냥 아파요."보다는 "아팠다 안 아팠다가 반복돼요."
시작 시간	"1시간 전부터 아팠어요." "방금 다쳤어요."
동반 증상	"머리가 아픈데 토할 것 같아요." "머리가 아픈데 열도 나는 것 같아요."

함께하면 더 좋은 의사소통 활동

- **제목**　　　너의 생각을 말해 줘
- **인원**　　　2인 1조
- **준비물**　　타이머, 질문지(질문 10개씩) 모음
- **활동 시간**　한 사람당 2분
- **활동 방법**

① 질문은 학생의 흥미와 관심사를 고려하여 준비한다.
② 질문은 한 사람당 10개씩 준비하여 큐카드 형태로 만든다.
③ 질문을 하는 학생은 대답하는 학생 맞은편에 앉아, 리포터가 인터뷰를 하듯 10가지 질문을 순차적으로 제시한다.
④ 2분 안에 10개 대답을 모두 다 하면 성공이다.

질문의 예시

1. 무인도에 가져가고 싶은 세 가지는?
2. 초능력을 가질 수 있다면 갖고 싶은 초능력은?
3. 타임머신이 있다면 언제 어디로 가고 싶나요?
4. 세상의 모든 돈을 가질 수 있다면 무엇을 할 것입니까?
5. 내가 만약 동물이 될 수 있다면 어떤 동물이 될 건가요?
6. 지금 가장 만나고 싶은 사람은?
7. 다시 태어난다면 태어나고 싶은 나라는?
8. 아무 직업이나 선택할 수 있다면 어떤 직업을 갖고 싶나요?
9. 지금 가장 먹고 싶은 음식은?
10. 당신이 가장 무서워하는 것은?

5주차 수요일

DAY 23
이것 좀 도와줘

청소할 때 친구에게 도움 요청하기

도움을 요청하는 것은 특수교육대상학생뿐만 아니라 많은 사람들이 어려워하는 부분입니다. 도움을 요청하는 것은 자신의 무능함이나 약점을 드러내는 부정적인 것이 아님에도 거절에 대한 두려움과 함께 잘못된 일로 생각하는 경향이 있기 때문입니다. 오늘 학습할 내용을 통해 특수교육대상학생들이 거절에 대한 부담을 줄이고 자연스럽게 받아들이며 필요한 상황에 맞게 도움을 요청할 수 있기를 바랍니다.

대본을 보고 역할극을 해 봐요

방학 기간에 교실 공사가 예정되어 교실의 자기 물건을 특별실로 옮기던 중 선생님이 큰 책상을 혼자 옮기기 힘들어하시는 모습을 보고 동동이가 도와드리려고 한다.

동동이 선생님~ 뭐 하세요?

지혜쌤 어! 동동아. 이거를 옮겨야 하는데….

동동이 제가 도와드릴까요?

지혜쌤 어? 그래, 고마워. 선생님이 혼자 옮겨 보려고 했는데 조금 무거워서 쉽지 않네. 미안한데 저쪽 끝에 좀 들어 줄래?

동동이 네, 선생님!

지혜쌤 하나, 둘, 셋 하면 들자! 하나, 둘, 셋!

책상이 쉽게 옮겨지지 않는다.

동동이 어! 선생님 생각보다 무거워서 안 될 거 같아요. 사람이 더 필요할 거 같아요.

지혜쌤 그래야겠다. 한 명 정도만 더 있으면 될 것 같은데….

그때 호상이가 복도로 지나간다.

동동이 호상아!

호상이 응?

동동이 이것 좀 도와줘.

호상이 (동동이한테 장난치듯 바짝 붙으며) 어? 뭐? 뭐! 뭐! 뭘 도와줄까? 아~ 지혜쌤도 계셨군요.

지혜쌤 그래. 호상아, 괜찮으면 이 책상 좀 같이 들자.

호상이 아, 이거요? 당연히 도와드려야죠.

동동이 나한테서 좀 떨어지고 저쪽 좀 들어 봐.

호상이 (으스대며) 힘 하면 나지~ 진작 나를 불렀어야지~ 비켜 봐. 이 정도는 한 손가락으로 든다, 내가. (책상을 한번 들어 보고) 어, 진짜 무겁네.

동동이 허세왕 아니랄까 봐. 그냥 같이 들어~

호상이 (씨익 웃으며 머쓱한 듯이) 오랜만에 힘 좀 써 볼까나~

지혜쌤 자~ 하나, 둘, 셋 하면 드는 거다~ 하나, 둘, 셋!

책상을 특별실로 옮긴 후

지혜쌤 얘들아~ 정말 고마워, 너희들 아니었으면 선생님 혼자는 절대 못 옮겼을 거야. 덕분에 해결했네! 고마워~

호상이 별말씀을요~ 책상 가볍던데요! 원래 이 정도는 한 손가락으로 드는데 쌤 앞에서 동동이 기죽을까 봐 봐준 거예요~

동동이 허세왕 또 시작이다~

지혜쌤 호상아, 도와줘서 고맙다.

호상이 아닙니다. 언제든 말씀만 해 주세요. 의리! 으~~리!

동동이 진짜 근데 힘은 세기는 세다. 도대체 뭘 먹는 건지.

호상이 나의 힘의 원천은 바로 햄버거. 그런 의미에서 햄버거 좀 사 줄래?

동동이 뭐래~

지혜쌤 호상아~ 아직 옮길 거 좀 더 남았는데 마저 도와줄 수 있겠니?

호상이 혹시 이게 말로만 듣던 열정페이인가요?

지혜쌤 쌤 교실에 햄버거가 몇 개 있긴 한데…. 누구를 줘야 하지?

호상이 (눈을 희번덕거리며) 앗! 최선을 다하겠습니다!!! 제 모든 걸 바쳐서 옮기도록 하겠습니다. 그런데 햄버거는 제가 다 끝날 때까지 무사히 있겠죠?

동동이 하하하!

 **이렇게 지도해 보세요**

비고츠키의 비계설정(Scaffording)에서도 알 수 있듯이 다른 사람의 도움을 받는다는 것은 자신의 문제를 해결하고 한층 더 성장하게 합니다. 또한 또래와는 도움을 주고받는 동안 함께 문제를 해결하는 과정에서 동질감을 가지고 관계가 더 좋아지기도 합니다.

도움이 필요한 상황	도움을 요청하는 말 예시
수업 내용을 이해하기 어려운 경우	"너무 어려워요. 다시 한번 설명해 주세요."
물건을 찾기 어려운 경우	"물건을 못 찾겠어요. 좀 찾아 주실 수 있으세요?"
혼자 몸을 움직이기 어려운 경우	"제가 몸을 움직이기 힘들어서, 좀 도와주실 수 있으세요?"
물건을 옮기거나 이동하는 과정에서 도움이 필요한 경우	"물건을 혼자 옮기기가 어려워서 그러는데 좀 도와주실 수 있으세요?"

특수교육대상학생들은 도움을 요청해야 하는 상황임에도 요청해야 하는지 모르거나 도와 달라고 말하고 싶어도 요청하는 말을 하지 못하는 경우가 있습니다. 도움이 필요한 상황과 어떻게 도움을 요청해야 하는지를 알려 주어 실제 상황에서 적용할 수 있도록 지도해 주세요.

다른 사람에게 부탁할 때 주의할 점

1. 부탁할 때는 정중한 어투로 예의를 갖추어 말하는 것이 좋습니다.
   (예: "부탁 좀 할게(부탁드리겠습니다)." "도와주시면 감사하겠습니다.")

2. 부탁에 대한 이유를 간단히 설명하는 것도 좋습니다. 상대방이 부탁하게 된 상황을 이해하고 더 적극적으로 도와줄 수 있기 때문입니다.

3. 부탁 후 상대방이 거절할 수 있다는 것을 이해시킵니다. 뒤끝 없이 상대방의 의견을 존중하고 강요하지 않도록 지도해 주세요.

4. 상대방이 부탁을 들어 준 후에는 감사의 표현과 함께 "고마워(고맙습니다)." "도와줘서 고마워(도와주셔서 감사합니다)."와 같이 감사의 마음을 꼭 전하도록 안내해 주세요.

5. 반대로 부탁을 받았을 때도 예의 있는 태도로 말하되 자신의 상황에 맞게 수락과 거절을 확실히 할 수 있도록 지도합니다. 할 수 없는데도 거절하지 못해 수락하는 경우가 생기기도 하니까요.

함께하면 더 좋은 의사소통 활동

- **제목**   이것 좀 도와줘
- **준비물**   낱글자가 적힌 큰 판 20개(단어 5개 완성하도록)
- **활동 방법**

① 낱글자가 적힌 판을 준비하고 교실 뒤편 바닥에 낱글자 판을 무작위로 흩트러 놓는다.
② 교실 앞쪽에 모둠 학생들이 대기한다.
③ 팀에서 1명씩 나와 낱글자를 조합하여 하나의 단어를 만들도록 한다. 단, 1인 낱글자 조합 시간을 제한하여 단어를 만들지 못하더라도 시간이 되면 팀으로 돌아가 다음 사람에게 "이것 좀 도와줘."라고 말하고 바꾸도록 한다.
④ 자신이 만든 단어를 가져와 자기 팀의 모둠판에 붙이고 모둠의 다음 사람에게 하이파이브하며 "이것 좀 도와줘."라고 말한다.
⑤ 그 말을 들은 두 번째 학생이 나가 낱글자를 조합하여 자기 팀으로 가져와 붙인다.
⑥ 가장 먼저 모든 팀원이 단어를 조합하여 붙이면 승리한다.

- **도움말**

단어를 만드는 활동보다 "도와줘."라고 말하는 것이 더 중요합니다. 다음 사람에게 순서를 넘길 때 꼭 "도와줘."라고 말해야만 다음 사람이 출발하도록 지도해 주세요. 학생들이 낱말 만들기에 익숙해지면 끝말잇기로 단어들을 찾도록 하여 난이도를 조절할 수도 있습니다(예: 바나나-나비-비료).

또는 교과와 연계하여 낱글자 대신 단어로 구성하여 동일 범주의 단어들을 찾아 붙이는 활동도 해 보세요(예: 과일-사과, 바나나, 포도, 복숭아 등). 하나의 낱말을 제시하고 연상되는 단어들을 찾아와서 이유를 이야기하는 활동을 해 보는 것도 좋습니다(숙제-화장실, 간식, 바꿔 주세요 등).

5주차 목요일

DAY 24

이 사진 SNS에 올려도 돼?

친구에게 동의 구하기

최근 우리 학생들도 SNS를 사용하는 모습을 많이 볼 수 있습니다. SNS는 누군지 모르는 사람들과도 연결될 수 있어 조심해야 하는 부분들이 있습니다. 좋은 의도로 올린 사진이나 댓글들이 오해받을 수도 있고 다른 사람에게 상처를 주게 될 수도 있으니 학생들에게 이와 관련된 인터넷 예절과 범죄 예방 방법이 중요합니다. 오늘은 일상적으로 흔히 일어날 수 있는 상황을 보여 주고 개인 정보를 활용할 때 상대방의 허락이 필요하다는 것을 알려 주는 내용입니다.

대본을 보고 역할극을 해 봐요

생일날 학교 친구들이 점심시간에 작은 케이크를 준비해서 깜짝 생일 축하 파티를 해 주는 상황이다.

송이 (숨죽여 숨어 있다가 경희가 교실에 들어오는 순간에 케이크를 내밀며) 경희야 생일 축하해!
현정 (종이 폭죽 터트리며) 축하해~
경희 (교실에 들어오다 놀라면서) 깜짝이야~
송이 (신나는 말투로) 생일 축하해~ 오늘 네 생일이라서 우리가 깜짝 파티를 준비했어!
경희 언제 이런 걸 다 준비했어? 정말 고마워. 감동이야.
현정 몰랐지? 네가 눈치챌까 봐 얼마나 조마조마했다고~
경희 그래? 정말 몰랐어. 고마워~
현정 하하하. 작전 성공!
경희 케이크도 준비해 준거야? 너무 감동이야.
현정 송이하고 나하고 같이 샀어. 너 생크림 케이크 좋아하지?
경희 맞아. 나 생크림 케이크 정말 좋아하지. 케이크 지금 같이 먹자.
 아! 잠깐잠깐~ 우리 케이크 먹기 전에 생일 축하 기념으로 사진 찍을까?
현정 사진?
송이 그래그래. 이런 날 인증샷 한번 찍어야지~ 또 언제 찍겠냐~
현정 그래, 좋아. 다 같이 모여서 셀카 찍자!

다 같이 모여서 얼굴을 맞대고 셀카를 찍는다.

경희 정말 고마워. 근데 얘들아, 나 이거 자랑하고 싶은데. 같이 찍은 사진 SNS에 올려도 돼?

송이 물론이지! 올려~ 너의 특별한 날을 알리는 것도 좋지.

경희 너희 얼굴이 나와서 다른 사람이 볼 수 있는데 괜찮아?

송이 난 괜찮아.

현정 난 싫은데…. 음… 그럼 난 얼굴 다 가려 줘. 초상권이란 게 있으니까~

송이 그럼 완전 공개로 하지 않고 우리 반 친구들만 볼 수 있게 설정할게. 그럼 어때?

현정 그래, 좋아. 그런데 난 선글라스 이모티콘 그거 붙여 줘? (임금 말투 흉내 내듯이) 네 생일이니 특별히 내 눈 아래로는 공개를 허락하노라~

경희 (신하 말투 흉내 내며) 감사하옵니다요~ 그럼 사진 올린다~!

송이 응! 좋아요 팍팍 눌러 줄게!

현정 나도 좋아요 눌러 줄게. 경희야, 다시 한번 생일 축하해.

경희 이렇게 축하해 줘서 고마워. 나도 나중에 너희 SNS에 좋아요 눌러 줄게!

송이 우리 빨리 케이크 먹자!

현정 그래그래~ 맛있겠다!

💡 이렇게 지도해 보세요

　SNS(Social Networking Service, 소셜 네트워킹 서비스)에 사진을 올리고 '좋아요'가 몇 개인지 확인해 보신 경험이 있으신가요? 그런 경험이 없으시다면 유튜브나 인스타 등에서 '구독! 좋아요! 꾹꾹꾹!' 이런 것을 보신 적은요? 학생들이 자신의 SNS에 사진을 올리고 싶은 심리는 추억을 기록하는 의미뿐만 아니라 자신의 자아를 표출하고 '좋아요'나 댓글을 통해 사회적 인정과 연결을 느끼고자 하는 심리일 겁니다. 또한 사진을 통해 친구들과 소통하고 관심사를 공유하는 수단으로 활용하기도 합니다.

　하지만 아무리 좋은 사진이라 하더라도 친구들과 함께 찍은 사진이나 다른 사람의 개인 정보가 포함된 사진이라면 마음대로 올리면 안 된다는 걸 알려 줄 필요가 있습니다. SNS에 사진을 올릴 때는 상대방의 동의를 반드시 얻어야 하며 개인 정보가 포함된 민감한 정보가 담긴 사진은 올리지 않아야 한다는 걸 알려 주세요. 어떤 사진을 올리려고 하는지, 사진을 올려도 괜찮은지 동의를 구하고, 이후에라도 원치 않으면 언제든 삭제하겠다는 의사를 전달해야 합니다.

　이뿐만 아니라 상대방의 동의를 구할 때는 상대방에게 존중과 예의를 갖춘 말로 허락을 구해야 합니다. 더불어 상대방이 허락한 사진만을 사용하고 올린 사진에 대한 코멘트나 해시태그 등도 신중하게 작성해야 한다고 인지시켜 주세요. 사진을 공유할 때는 소셜 미디어 계정의 개인 정보 설정을 확인하여 사진이 공개되는 범위를 조절하는 것도 좋은 방법이 됩니다. 이러한 내용들을 아이들이 정확히 이해하고 친구들과 함께 안전하면서 책임감 있는 인터넷 사용을 할 수 있도록 지도해 주세요.

디지털 범죄 예방 수칙

1. 나와 타인에 대한 개인 정보를 SNS에 올리거나 전송하지 않습니다.
2. 잘 모르는 사람이 보낸 인터넷 링크나 파일을 클릭하지 않습니다.
3. 타인의 동의 없이 사진, 영상을 찍지도, 보내지도, 보지도 않습니다.
4. 타인의 사진이나 영상에 성적 이미지를 합성하지 않습니다.
5. 잘 모르는 사람이 개인 정보를 묻거나 만남을 요구하면 어른에게 알립니다.
6. 타인의 사진, 영상을 퍼뜨리겠다고 위협하지 않습니다.
7. 촬영, 유포, 협박 등으로 두려움을 느낄 때 전문 기관에 도움을 요청합니다. (☎ 1366)

출처: 여성가족부 「디지털 성범죄 예방을 위한 7가지 안전 수칙」

🧩 함께하면 더 좋은 의사소통 활동

- **제목**   파파라치
- **준비물**   디지털카메라 혹은 휴대폰
- **활동 시간**   15분
- **활동 방법**

① 교사가 적당한 시간을 주고 각자 자유롭게 핸드폰으로 사진을 세 장씩 찍는다. 자신의 폰에 있는 사진 중 세 장을 고르거나 인터넷의 사진 중 세 장을 골라도 된다.
② 먼저 학생 한 명이 나와서 사진 세 장을 보여 주고 왜 이 사진을 골랐는지 이유를 말한다.
③ 학생들이 발표가 끝나면 교사는 학생들의 사진을 모두 칠판에 붙인다.
④ 다른 학생들은 그 사진들을 보고 SNS에 올려도 되는 사진인지 올리면 안 되는 사진인지를 구별하여 찾아본다.
⑤ 어떤 사진을 올려도 되는지 올리면 안 되는지를 찾고 그 이유를 토론해 본 후 실제로 올려도 되는 사진을 SNS에 올려 보는 활동으로 연계할 수 있다.

- **도움말**

 학생들이 사진을 찍을 때 어떤 것을 찍어야 할지 모른다면 빨간 옷을 입은 학생과 사진 찍어 오기, 체육 선생님과 사진 찍어 오기, 급식 사진 찍어 오기, 자연 풍경 찍기 등 다양한 미션을 주면 학생들이 더 재미있게 참여할 수 있습니다.

5주차 금요일

DAY 25

더 주세요! 조금만 주세요!

급식을 받으며 의사표현하기

"더 주세요!" "조금만 주세요!" 모든 학생들이 좋아하는 즐거운 점심시간! 학생들 누구라도 자신이 좋아하는 맛있는 급식이 나왔을 때 더 먹고 싶은 마음이 드는 것은 자연스러운 일입니다. 때로는 더 달라고 요구하거나 먹기 싫은 음식을 받지 않기도 하지만 특수교육대상학생들은 원하는 음식을 추가로 요구하거나 원치 않는 음식을 거절하는 일이 어려울 수 있습니다. 이번 내용에서는 급식실에서 먹고 싶은 음식을 더 받거나 싫은 음식을 덜 받도록 할 수 있는 대화로 구성되어 있습니다. 이번 대화를 통해 학생들은 급식실에서 자신의 의사를 적절히 표현하는 연습할 수 있습니다.

대본을 보고 역할극을 해 봐요

영양쌤 학생 여러분, 질서 있게 줄을 서야 빨리 배식을 받아 점심을 먹을 수 있어요. 줄을 맞춰서 서 주세요. 여러분이 뛰어다니면 먼지가 날려요. 뛰지 말고 천천히 움직여 주세요.
진선이 (장난스럽게 여기저기 옮겨 다니며) 히히히…. 오늘 점심 제육볶음이네 빨리 먹으려면 앞에 서야겠다.

진선이가 새치기를 시도하며 옆의 친구와 큰 소리로 떠들며 장난을 친다.

한솔이 진선아, 새치기하지 마! 선생님이 그러셨어. 새치기는 나쁜 거라고, 차례대로 줄을 서야 한다고 하셨단 말이야.
진선이 (머리를 긁적이며 제자리로 돌아오며) 아, 맞다. 미안.
한솔이 급식실에서는 조용히 자기 차례를 기다려야지.
진선이 그래. 알았어.

진선이와 한솔이 차례가 돌아와 배식대 앞에 선다. 오늘 반찬으로 제육볶음과 겉절이 무침이 나왔다.

한솔이 선생님 안녕하세요.
조리사 응, 한솔이구나. 밥 맛있게 먹으렴. (제육볶음 반찬을 퍼 주신다)
한솔이 (조심스럽게) 음… 선생님. 저 제육볶음을 좋아하는데 조금만 더 주실 수 있나요?
조리사 그럼 가능하지.

한솔이 (고개를 조금 숙이며) 감사합니다. 맛있게 잘 먹겠습니다.

조리사 그래~ 맛있게 먹으렴.

조리사 (겉절이 무침을 집으며) 진선아, 많이 먹어.

진선이 아…. 저는 겉절이 무침을 좋아하지 않는데, 안 받아도 될까요?

조리사 겉절이 무침을 좋아하지 않는구나. 그래도 조금만 먹어 보는 건 어때?

진선이 그럼. 조금만 주세요. 먹어 볼게요.

조리사 그래. 맛있을 거야. 여기 있어. 진선아.

진선이 감사합니다.

조리사 (국을 국자로 뜨며) 소고기뭇국은 좋아해?

진선이 네. 저 소고기뭇국 좋아해요. 건더기 많이 주세요.

조리사 그래~ 더 많이 담아 줄게. 맛있게 먹어~

진선이 (배식을 받고 자리로 돌아가며) 감사합니다. 잘 먹겠습니다.

이렇게 지도해 보세요

　사람은 제각각 좋아하는 음식과 먹을 수 있는 음식의 양이 다릅니다. 조리사, 배식원 선생님이 담아 주시는 대로만 배식을 받는다면 많은 음식이 남을 수밖에 없을 것입니다. 이런 일을 막기 위해서는 더 먹고 싶거나, 덜 먹고 싶은 음식이 있을 때, "더 주세요." 또는 "조금만 주세요."라고 이야기하며 음식량을 조절하도록 지도할 수 있습니다. "더 주세요." 또는 "조금만 주세요."가 능숙해졌다면 "무엇무엇을 더 주세요." 또는 "무엇무엇을 조금만 주세요."처럼 좀 더 의사표현을 정교하게 할 수 있을 것입니다.

　'오늘의 식단표'를 활용하여 지도하는 것도 좋은 방법입니다. 학교 홈페이지에는 1개월 치의 식단이 공개됩니다. 이 식단표를 이용하여 학생들의 급식 지도를 미리 해 볼 수 있습니다. 가령 나물 비빔밥, 우거지 된장국, 영양밥처럼 학생들이 별로 좋아하지 않는 음식이 '오늘의 식단표'에 올라와 있다면, 교사는 교실에서 해당 음식을 받을 때 자기가 하고 싶은 말을 할 수 있도록 연습할 수 있습니다. "선생님, 저는 나물 비빔밥을 싫어합니다. 조금만 주세요."나 "죄송하지만 우거지 된장국은 조금만 주세요."처럼 말하는 연습을 미리 교실에서 한다면, 급식실에서 먹고 싶지 않은 음식을 많이 받는 일을 줄일 수 있습니다.

🧩 함께하면 더 좋은 의사소통 활동

- **제목**   기분이 좋아지는 감사 놀이
- **인원**   2인 1조
- **준비물**   이모티콘 스티커 10개, 감사 답변지
- **활동 방법**

① 활동지에 급식실에서 감사함을 표시해야 하는 구체적이고 다양한 상황을 제시한다.
② 활동지에 제시된 상황에 맞는 감사 표현을 생각하여 빈칸을 채운다.
③ 순차적으로 상황을 제시하고 상황에 맞는 적절한 말하기를 학생이 직접 말해 본 후 빈칸을 완성하도록 지도한다.
④ 활동지의 빈칸에 적절한 감사 표현을 적은 경우 교사는 학생에게 이모티콘 스티커를 제공한다. 이때 이모티콘은 무표정에서 웃는 표정으로 점진적으로 변화하도록 제공한다.

- **도움말**

　이 놀이는 상황에 맞는 적절한 감사 표현을 할 수 있도록 고안되었습니다. 감사 표현의 횟수가 늘어날수록 이모티콘이 점차 웃는 표정으로 변화하는 과정을 학생들이 시각적으로 확인해 보면서 감사 표현으로 인해 다른 사람에게 긍정적인 영향을 준다는 점을 학습할 수 있도록 구성하였습니다. 감사 표현을 많이 하면 상대방의 기분뿐만 아니라 자신의 기분 또한 좋게 만들어 준다는 것도 지도할 수 있습니다.

활동지 예시	
상황	상황에 따른 감사 표현 말하기
1	배식 줄을 질서 있게 잘 서서 칭찬받았을 때	( )셔서 감사합니다.
2	영양쌤께 인사를 먼저 해서 칭찬받았을 때	( )셔서 감사합니다.
3	조리사님이 음식을 더 주셨을 때	( )셔서 감사합니다.
4	급식실에서 친구가 물을 떠 주었을 때	( )해서 고마워.
5	친구가 자기 음식을 더 먹으라고 주었을 때	( )해서 고마워.
6	내가 먹기 싫은 음식을 친구가 가져가 먹었을 때	( )해서 고마워.
7	조리사님이 음료수를 더 주셨을 때	( )셔서 감사합니다.
8	바닥에 엎지른 음식을 조리사님이 치워 주셨을 때	( )셔서 감사합니다.
9	선생님이 잘 먹는다고 칭찬해 주셨을 때	( )셔서 감사합니다.
10	퇴식구에 잔반을 잘 버려 칭찬해 주셨을 때	( )셔서 감사합니다.

WEEK 6
말하기 연습

월요일 친구의 제안에 완곡하게 거절하기
화요일 친구의 기분이 상하지 않게 부탁하기
수요일 친구의 무리한 부탁 거절하기
목요일 화난 감정을 I-메시지로 표현하기
금요일 괴롭힘을 당하는 상황에서 대응하기

6주차 월요일

DAY 26

미안하지만, PC방에는 다음에 가자

친구의 제안에 완곡하게 거절하기

다른 사람에게 부탁하거나 거절해야 할 상황에 자기 의사를 잘 표현하기 어려워하는 사람이 많습니다. 왜냐하면 상대방의 기분이 상하는 것이 걱정되고, 내가 나쁜 사람으로 평가받지는 않을까 하는 생각 때문입니다. 차라리 정확하게 거절 의사와 그 이유를 밝혀야 상대방이 오해하거나 감정이 상하지 않을 수 있습니다. 또 분명히 의사를 파악했을 때는 오히려 다른 대안을 생각할 수 있어 문제 해결에 도움이 됩니다.

대본을 보고 역할극을 해 봐요

종례가 끝나고 집에 가려고 책가방을 정리하는데 정윤이가 준섭이의 이름을 부르며 다가온다.

정윤이 준섭아! 오늘 학교 끝나고 뭐 해?

준섭이 응, 나 학원 가야지. 왜?

정윤이 며칠 전에 우리 동네에 코인 노래방이 새로 생겼는데, 오픈 기념으로 이벤트를 한대! 같이 가자!

준섭이 (곤란한 표정으로) 음, 안 되는데….

정윤이 코노엔 혼자 가면 재미없는데 같이 가자. 응?

준섭이 (말끝을 흐리며) 아, 나도 가고 싶긴 한데….

정윤이 무슨 학원인데? 학원 조금만 늦게 가면 안 돼? 오늘은 이벤트로 쿠폰도 주고, 경품 추첨도 한대, 같이 가자.

준섭이 정윤아, 생각해 봤는데 미안하지만, 코인 노래방은 다음에 가자.

정윤이 담에?

준섭이 나도 가고 싶긴 한데 지난번에도 엄마 몰래 학원 빠졌다가 다시는 빠지지 않겠다고 약속했거든. 대신 토요일에 갈 수 있는지 엄마한테 물어보고 가도 된다고 하면 같이 가자. 어때? 괜찮지?

정윤이 (씁쓸한 표정으로) 그러면, 할 수 없지 뭐.

준섭이 그런데 새로 생긴 코인 노래방 이름이 뭐야? 어디에 있어?

정윤이 응, 학교 앞 사거리 대박은행 2층에 있는데, 엄청 좋대. 푸름이도 주말에 가 봤대.

준섭이 알았어. 좋아! 나도 가고 싶어! 집에 가서 꼭 물어볼게.

정윤이 그래, 주말에는 꼭 가는 거야. 알았지?

준섭이 그래, 알았어.

정윤이 좋아. 가서 내가 좋아하는 노래 실컷 불러야지~!

준섭이 누가 더 높은 점수 받는지 내기하자.

정윤이 나는 무조건 100점이지 뭐. 진 사람이 아이스크림 사는 거야!

준섭이 그래, 알았어. 하하! 내가 무조건 이길 거니까. 아무튼 오늘 함께 못 가서 미안해. 다음에 꼭 같이 가자. 정윤아, 잘 가. 내일 봐.

정윤이 잘 가, 준섭아. 내일 만나.

준섭이 응.

🔆 이렇게 지도해 보세요

'인간은 사회적 동물'이라는 말처럼 인간은 끊임없는 상호작용 속에서 서로 도움을 주고받으며 살아갑니다. 혼자 힘으로 할 수 없는 일도 누군가 도움을 받아 이룰 수 있고, 반대로 누군가를 도와 그 성취를 도울 수도 있습니다.

대부분 사람들은 어렵지 않게 다른 사람을 돕는 일에 주저하지 않지만, 남에게 도움을 요청하거나 거절하는 것은 상대적으로 어렵게 느끼는 경우가 많습니다. 상대가 거절하지 않을지, 내가 거절하면 상대가 날 나쁘게 보거나 기분 나빠할 것을 걱정해 거절하지 못하고 부탁을 받아들인 난 후 나중에 후회하게 되는 경우가 많습니다.

특수교육대상학생의 경우 다른 사람들에게 자신의 의견을 말하거나 부탁을 하지 못하고, 주변 사람들의 부탁을 거절하지 못해 힘겨워하거나 어려움을 겪는 경우가 종종 있습니다. 또는 상대방의 감정은 생각지 않고 YES나 NO와 같이 단호하게 거절해 상대의 마음을 다치게 하는 경우가 있습니다.

주변 사람들과의 상호작용이나 의사소통을 위해 학교와 가정에서는 특수교육대상학생에게 다양하고 구체적인 상황과 예를 들어 다른 사람에게 부탁하고, 부탁을 받았을 때는 거절할 수도 있음을 경험하고 연습할 필요가 있습니다. 교실과 가정, 친구와 가족 간의 다양한 예시와 상황에서 부탁과 거절을 연습하다 보면 상대방과 상황에 알맞게 부탁하고 거절하는 기술이 쌓이고 자연스럽게 이야기할 수 있는 날이 올 것입니다.

다른 사람에게 제대로 부탁하는 방법으로 먼저, 상대방이 자신의 부탁을 들어줄 수 있는 상황인지 살펴보고, 원하는 것을 구체적으로 말할 수 있어야 합니다. 이때 예의 바른 태도로 말하고 부탁을 들어주었을 때는 고마움을 꼭 표현해야 합니다. 그러나 부탁이 모두 받아들여지지 않고 거절할 수도 있음을 알고 적절하게 대처할 수 있어야 합니다.

다른 사람의 부탁을 거절할 때는 거절하는 의사를 정확히 밝히고 그 까닭을 자세히 설명해 주어야 상대방도 거절의 이유를 알 수 있습니다. 이때 단호하면서도 진지하게 말해야 합니다. 상대방의 마음을 헤아려 상대의 마음이 상하지 않게 주의하고, 거절과 함께 다른 방법을 제시해 주는 것이 좋습니다.

부탁할 때 쓸 수 있는 말	거절할 때 쓸 수 있는 말
- 괜찮다면~ - 미안하지만~ - 어렵겠지만 부탁해도 되니? - 힘들겠지만~ - 잠깐만 시간 좀 내줄 수 있어?	- 미안해 - 지금은 곤란해. - 안 되겠는데 미안해. - 어려울 것 같아 - 오늘은 힘들어

🧩 함께하면 더 좋은 의사소통 활동

- **제목** 내 마음을 읽어 봐!
- **인원** 2~3명의 소그룹 또는 학급 인원 전원
- **준비물** 기쁨, 슬픔, 화남, 우울, 놀람 등 다양한 감정 카드 (지름 10cm), 감정 카드 붙임판, 상황 카드
- **활동 시간** 10분
- **활동 방법**

① 2~3명 소그룹 또는 학급 인원 전체에서 한 명을 선정한다.

② 선정된 학생이 다양한 감정 카드 중 현재 자기 느낌에 맞는 감정 카드를 골라 다른 학생들이 볼 수 있도록 붙임판 또는 옷에 붙인다.

③ 감정 카드를 붙인 학생에게 다른 학생들이 질문을 하면, 감정 카드를 붙인 학생은 "예." 또는 "아니오."로 대답을 한다.
 (예: '행복' 감정 카드를 가슴에 달고 있는 학생에게 질문 1. 오늘 기쁜 일이 있나요? 2. 축하받을 일이 있나요? 3. 저녁 약속이 있나요? 4. 맛있는 음식을 먹었나요?)

④ 질문을 하면 할수록 감정 카드를 든 이유가 좁혀지게 되고, 정답을 알 경우 '정답'을 외치며 자신이 생각한 답을 말한다.

⑤ 정답을 알아맞히면 감정 카드를 든 학생은 "나는 오늘 ○○해서 기분이 □□해요."라고 말한다.

⑥ 같은 방법으로 실시하며 여러 가지 감정 상황들이 담긴 카드를 제시하여 그 상황에 따라 활동을 진행해도 된다.

● **도움말**

　다른 학생들이 감정 카드를 붙인 학생에게 여러 가지 질문(예: 소그룹일 경우는 학생 1인당 질문 5개, 학급 인원 전체일 경우는 스무고개 등 질문에 대한 규칙을 정할 수 있음)을 던져 현재 감정 카드를 들게 된 구체적인 이유를 알아맞힌다.

6주차 화요일

DAY 27

내 물건을 쓸 때는 먼저 물어와 줄래?

화내지 않고 내 생각 표현하기

평소에 보지 못한 새로운 물건이나 독특한 디자인의 물건을 보게 되면 누구든 시선이 집중되고 손으로 만져 보고 싶은 마음이 듭니다. 하지만 다른 사람의 물건을 허락 없이 만지거나 가져가는 것은 실례가 되는 행동입니다. 이번 시간에는 내가 아끼는 소중한 물건을 친구들이 함부로 가져가거나 만지는 것을 보게 되면 어떻게 말해야 할지, 화내지 않고 내 마음이 잘 전달될 수 있도록 말하는 방법이 있을지 알아봅시다.

대본을 보고 역할극을 해 봐요

월요일 아침. 주말을 보낸 친구들이 하나둘 교실에 들어오고 있고, 소망이는 자리에 앉아 가방에서 책과 핸드폰을 꺼내 놓고 있다.

기쁨이 소망아 안녕? 주말 잘 보냈어?

소망이 응, 잘 보냈어.

기쁨이 (소망이 책상 위의 핸드폰을 집어 올리며) 오! 네 핸드폰 케이스 한 번도 못 보던 건데, 와! 예쁘다. 새로 샀어?

소망이 (당황하며) 응? 어. 내꺼야. 이리 줘.

기쁨이 (핸드폰을 위아래로 움직이며) 한번 만져 보자. 이런 거 처음 보는데, 어디서 샀어? 얼마야?

소망이 기쁨아. 나 달라니까?

기쁨이 어디서 샀어? 가르쳐 줘.

소망이 아, 진짜! 주말에 동네에 있는 폰 케이스 판매장에서 샀어. 빨리 줘!

기쁨이 (실망한 표정으로) 별것도 아닌데 짜증을 내냐? 알았어. 여기!

소망이 (마음을 가라앉히고) 기쁨아, 나는 다른 사람이 내 물건을 함부로 만지는 게 싫어. 내꺼 가져가기 전에 봐도 되냐고 물어봤어야지! 앞으로는 내 물건 만지기 전에 나한테 물어봤으면 좋겠어.

기쁨이 아니, 가지려고 한 것도 아닌데 뭐. 그냥 신기해서 한번 본 거잖아.

소망이 새로 산 지 얼마 안 됐는데, 네가 함부로 가져가서 이것저것 만지니까 기분 나빠.

기쁨이 그래? 흠….

소망이 너도 네 물건 내가 맘대로 가져가서 만지고 달라고 해도 안 돌려주면 기분 나쁠 것 같지 않아?

기쁨이 그건 그렇긴 하지.

소망이 나도 좀 기분이 나빴어. 그냥 네가 보여 달라고 말했으면 내가 보여 줬을 텐데.

기쁨이 알았어. 미안해. 앞으로는 네 물건 맘대로 가져가지 않을게.

소망이 알았어.

기쁨이 그리고 만지고 싶으면 너한테 물어보고 허락하면 만질게. 미안해.

소망이 이제부터는 내 물건 만지기 전에 꼭 물어봐.

기쁨이 알았어. 미안해. 조심할게. 그런데 이거 얼마 줬어?

소망이 만 원이야.

기쁨이 와~ 비싸다.

소망이 용돈 모아서 샀어.

기쁨이 나도 용돈 모아서 사야겠다.

이렇게 지도해 보세요

　사람들은 누구나 자기 자신, 자기 가족과 친구들, 자신의 물건, 자신의 공간 등을 아끼고 사랑하며 소중하게 여기고 지키려는 본능이 있습니다. 남들은 어떨지 몰라도 나에게는 무엇보다 더 소중하고 의미 있는 물건을 한두 가지 정도 꼽을 수 있습니다. 이런 애착 가는 물건이 누구나 하나쯤은 있을 것입니다.

　내가 애착하는 물건을 나의 허락 없이 누군가 만지거나 함부로 다루는 것을 본다면 나의 울타리를 넘어온 것처럼 느껴져 불안하고 불편한 마음이 드는 상황이 생길 수 있습니다. 이런 불편한 상황은 친한 사이에서 더 많이 실수를 저지를 수 있습니다. '친한 친구니까 말하지 않아도 되지 않나?' 하는 생각에 말없이 친구의 물건을 만지거나 가져가 사용하고 돌려놓으면 된다고 생각해 그런 행동을 하는 경우가 많습니다.

　특수교육대상학생의 경우 나와 너의 경계, 내 것과 네 것이 있음을 알지 못해 다른 사람의 물건을 함부로 만지거나 가져가 오해를 사게 되는 경우가 종종 있을 수 있습니다. 잘 몰라 실수를 저지르지 않도록 특수교육대상학생에게 가르쳐 주어야 합니다. 사소한 물건이라도 상대방의 허락 없이 가져가는 것은 옳지 않다는 것, 내가 소중하고 내 물건이 소중하듯 다른 사람의 물건도 소중한 것이니 함부로 만지거나 허락 없이 가지고 가면 안 된다는 것을 가르쳐 주어야 합니다. 친한 사이일수록 더 예의를 지키고 존중해야 한다고 알려 주어야 합니다.

　또 내 물건을 허락 없이 만지거나 가져가서 함부로 대하는 친구에게도 내 물건을 쓸 때는 예의를 갖춰서 물어봐 달라고 말할 수 있어야 합니다. 내 물건을 함부로 만지는 것이 싫다고, 물건을 만지기 전에 나에게 꼭 물어봐 달라고 말을 할 수 있어야 합니다. 그래야 상대방이 나를 존중하고 더 주의를 기울여 똑같은 실수를 반복하지 않습니다. 그렇지 않으면 상대방은 나의 불편한 감정을 알지 못하고 같은 실수를 반복할 수 있으니까요. 다른 사람에게 내 감정을 솔직히 표현하고 나의 요구를 정중히 부탁하는 것은 미안하거나 실례가 되는 행동이 아닙니다. 그러니 정중히 부탁할 수 있어야 합니다.

학생이 화가 났을 땐 이렇게 말할 수 있도록 지도해 보세요	
솔직하게 감정표현하기	"저 지금 화가 많이 났어요." "짜증이 나요." "슬퍼요."
화가 난 이유 말하기	"~가 ~해서 화가 났어요."
의사표현하기	"사과받고 싶어요." "사과하고 싶어요."
시간 벌기	"조금 쉬었다가 이야기하고 싶어요." "나중에 말하고 싶어요."

🧩 함께하면 더 좋은 의사소통 활동

- **제목**   감정 다섯고개
- **인원**   5~6명
- **준비물**   감정 카드
- **활동 방법**

① 감정 카드를 미리 준비한다. 감정 카드에는 감정의 종류와 사전적 정의를 함께 준비한다. 감정 카드를 많이 만들수록 난이도가 증가한다.

② 교사가 하나의 감정 카드를 스무고개 하듯 하나씩 번호 순서대로 읽고, 학생들은 교사가 설명하는 감정의 종류를 맞춰야 한다.

감정 카드

1. 이 감정은 유쾌한 감정은 아닙니다.
2. 걱정하는 감정과 조금 비슷합니다.
3. 설렘을 느낄 때도 이 말을 쓰기도 합니다.
4. 불안한 감정이 포함돼 있기도 합니다.
5. 다른 사람 앞에서 발표를 할 때 이 감정을 느낄 수 있습니다.

정답: 긴장(하다)

---

③ 난이도를 높이기 위해서 감정 카드 없이 실시해도 좋고 난이도 조절을 위해 감정 카드를 제시하여 학생들이 감정 카드를 보면서 다섯고개를 참여해도 좋다.

무섭다(무서움)	기쁘다(기쁨)	걱정되다(걱정)
어떤 대상에 대하여 꺼려지거나 무슨 일이 일어날까 겁나는 데가 있다.	욕구가 충족되어 마음이 흐뭇하고 흡족하다.	어떤 일이 잘못될까 불안해하며 속을 태움.
슬프다(슬픔)	**화나다(화남)**	**긴장하다(긴장함)**
원통한 일을 겪거나 불쌍한 일을 보고 마음이 아프고 괴롭다.	성이 나서 화기(火氣)가 생기다.	마음을 조이고 정신을 바짝 차리다.
밉다(미움)	**짜증나다(짜증남)**	**놀라다(놀람)**
모양, 생김새, 행동거지 따위가 마음에 들지 않거나 눈에 거슬리는 느낌이 있다.	마음에 탐탁하지 않아서 역정이 나다.	뜻밖의 일이나 무서움에 가슴이 두근거리다. 뛰어나거나 신기한 것을 보고 매우 감동하다.
속상하다(속상함)	**귀찮다(귀찮음)**	**행복하다(행복함)**
화가 나거나 걱정이 되는 따위로 인하여 마음이 불편하고 우울하다.	마음에 들지 아니하고 괴롭거나 성가시다.	생활에서 충분한 만족과 기쁨을 느끼어 흐뭇하다.

감성 카드 예시

6주차 수요일

DAY 28

미안하지만
네 숙제는 네가 했으면 좋겠어!

친구의 무리한 부탁 거절하기

거절하는 것은 나쁜 행동도 이기적인 행동도 아닙니다. 그럼에도 불구하고 거절해야 하는 상황에서 친구나 가족들의 기분이 상할까 봐 억지로 부탁을 들어주는 경우가 적지 않습니다. 이번 내용에서는 친구의 무리한 부탁을 거절하면서도 친구가 상처받지 않도록 말할 수 있도록 하는 방법을 배워 보도록 하겠습니다.

대본을 보고 역할극을 해 봐요

특수학급 사회 시간, 학생들이 태블릿으로 과제를 수행하고 있다.

현우 (태블릿PC로 소방서를 검색하며) 아, 우리 집 근처에서 가장 가까운 소방서는 긴급소방서구나. 빈칸에 긴급이라 적어야지.

수영 (태블릿PC로 검색을 하지만 잘 안되는지) 어휴…. 왜 난 안 되지? 현우야 우리 집에서 가장 가까운 경찰서는 어디야? 나는 태블릿PC를 잘 못 쓰겠어. 네가 좀 찾아봐 줘.

현우 어디 봐. (태블릿PC로 검색하며) 아하. 수영이 집에서 가장 가까운 경찰서는 안전경찰서네. 안전이라고 쓰면 될 것 같아.

수영 우와. 현우 너 되게 잘하는구나. 나는 태블릿PC로 검색하는 건 잘 못하겠어. 나머지도 네가 다 해 주라! 응? 응?

현우 이렇게 많은 걸 다 내가? 그건 좀 힘들 것 같은데.

수영 왜? 도와주기 싫어? 친구 사이에 치사하게 이럴 거야?

현우 도와주기 싫어서가 아니야. 미안하지만 네 숙제는 네가 했으면 좋겠어.

수영 와! 치사해~

현우 대신 수영아, 태블릿PC로 공공기관 검색하는 방법을 내가 알려 줄게. 같이 해 보자. 내가 도와줄게!

수영 그래? 난 네가 나 도와주기 싫어서 그런 줄 알았지…. 고마워. 태블릿PC로 검색하는 방법을 쉽게 알려 줘. 내가 잘 몰라서 그래. 너에게 숙제를 다 해 달라고 해서 미안해 현우야.

현우 아니야 괜찮아. 이제 같이 해 보자!

💡 이렇게 지도해 보세요

　성인인 교사도 다른 사람의 부탁으로부터 자유롭지 못합니다. 친한 동료가 오랜만에 해 오는 부탁을 들으면 "어떻게 해야 하지?" 고민부터 되는 것이 사실입니다. 어렸을 때부터 착한 사람이 되어야 한다는 관념에 사로잡혀 커 온 것이 지금 거절을 어렵게 만드는 하나의 요인입니다.

　거절을 한다고 해서 그 사람이 나쁜 사람이거나 이기적인 것은 아닙니다. 오히려 자신을 배려하고 자기 마음에 솔직한 것이라 할 수 있습니다. 자기를 존중하는 사람이 남을 존중할 수 있습니다. 그러는 데에 필요한 것이 '적절하게 거절하는 말하기'일 것입니다.

　'적절하게 거절하는 말하기'를 하기 위해서는 우선 부탁을 들었을 때 자신의 상황을 파악하는 능력이 필요합니다. 자신의 숙제를 채 끝마치지 못한 상황에서 친구의 숙제를 도와줄 수는 없는 노릇입니다. 자신의 상황이 다른 사람의 부탁을 들어주기 적합하지 않다는 판단이 들었다면, 그 이유를 들어 친구에게 설명해 주어야 합니다. 친구의 부탁을 들었을 때, "난 싫어." 혹은 "난 안 해."라고 차갑게 말하는 것보다는 "내 숙제를 아직 끝내지 못해서 미안하지만 도와줄 수 없을 것 같아."처럼 현재 나의 상황을 적극적으로 알리고 거절의 이유를 설명한다면 부탁하는 사람도 거절을 기분 나쁘게 여기지는 않을 것입니다.

　'적절한 대안 제시하기'도 하나의 방법이 될 수 있습니다. 위 대본에서처럼 방법을 몰라 문제를 해결하지 못하는 친구가 있는 경우, 자신이 알고 있는 범위 내에서 문제 해결 방법을 도와, 스스로 문제를 해결하도록 도울 수 있을 것입니다. 또한 이러한 '적절한 대안 제시하기'의 경우 부탁을 해 오는 상대방의 능력 또한 함께 성장시킨다는 점에서 훌륭한 방법이라 할 것입니다.

　마지막으로 필요한 것은 '시간을 갖고 대답하기'입니다. 부탁을 받은 상황에 놓이게 된다면, 우선 즉답을 피하고 부탁받은 내용을 냉정하게 판단할 수 있는 시간을 확보해야 합니다. 이럴 때 우리는 "내게 시간을 좀 주겠니?" "생각 좀 해 보고 말해도 될까?"로 상황을 판단할 시간을 확보할 수 있습니다.

🧩 함께하면 더 좋은 의사소통 활동

- **제목**　　동의와 거절 암호 해독하기
- **인원**　　학급 인원을 2팀으로 나눔
- **준비물**　칠판, 화이트보드
- **활동 방법**

① 교사는 칠판이나 화이트보드에 암호판을 만들어 제시한다.

② [1단계] 제시된 숫자의 순서대로 암호판을 해독하여 대답할 문장을 완성한다.

③ [2단계] 팀별로 숫자를 조합하여 문장을 완성한다.

암호판 예시	
대화 상황: 점심시간에 같이 보드게임 할래?	
1. 이야	11. 미안
2. 안	12. 운동장
3. 에서	13. 너랑
4. 그래	14. 축구
5. 한데	15. 같이
6. 할	16. 거야
7. 할래	17. 난
8. 좋은	18. 하자
9. 나는	19. 아니
10. 생각	20. 다음에

암호 해독
긍정: ④-⑧-⑩-①-⑮-⑱ 순서로 읽어 보시오.
거절: ⑪-⑤-⑰-②-⑦-⑳-⑮-⑱ 순서로 읽어 보시오.

6주차 목요일

DAY 29
별명 말고 내 이름을 불러 줘!

화난 감정을 I-메시지로 표현하기

특수교육대상학생들은 자신이 느끼는 감정을 다른 사람들에게 말로 표현하는 것에 서툴고 어려움이 있을 수 있습니다. 잘못된 방법으로 감정을 표현한다면 다른 사람의 기분을 상하게 하고 친구들의 미움을 받을 수도 있습니다. 이번 시간에는 자신의 감정을 정확하고 바르게 표현하여 다른 사람에게 상처를 주지 않고, 갈등 상황에서 벗어날 수 있는 방법을 알아보겠습니다.

대본을 보고 역할극을 해 봐요

지민이가 어깨를 축 늘어뜨리고 시무룩한 얼굴로 교실 문을 밀고 들어온다.

지혜쌤 (손을 들어 인사한다) 지민아. 점심 맛있게 먹었어?
지민이 (힘없는 목소리로) 네. 쌤.
지혜쌤 지민아. 점심도 먹었는데 왜 그렇게 힘이 없어?
지민이 그냥 그래요.
지혜쌤 무슨 일 있는 것 같은데, 선생님한테 말해 줄 수 있겠니?
지민이 아니에요.
지혜쌤 말하기 싫어? 그러면 말하고 싶은 생각이 들면 말해도 돼. 기다릴게.

어느 정도 시간이 지난 후, 지민이가 지혜쌤에게 다가온다.

지민이 선생님. 다른 게 아니라 교실에서 윤하가 자꾸 제 별명을 불러서 기분 나쁘고 화가 나요.
지혜쌤 윤하가 별명을 불러서 기분 나쁘고 화가 났구나. 당연히 그럴 수 있지.
지민이 네. 맞아요. 제가 싫어하는 별명이에요.
지혜쌤 그래서 지민이는 어떻게 했는데?
지민이 화나고 짜증이 나서 하지 말라고 했는데도 계속해요.
지혜쌤 (고개를 끄덕이며) 하지 말라고 부탁했는데도 계속 불렀구나. 그래서 지민이가 이렇게 힘이 없구나?
지민이 네. 윤하한테 너무 화가 나서요.

지혜쌤 지민아, 전에 국어 시간에 나-전달법 연습한 것 생각나니? 갈등 상황 카드를 보고 상황-감정-바람의 순으로 말하기 연습한 거 말이야.

지민이 네, 배운 것 같아요. 그런데 왜요?

지혜쌤 윤하가 지민이 별명을 불러서 기분 나쁘고 화났을 때 지민이가 나-전달법으로 윤하한테 감정을 표현하면 어떨까?

지민이 그러면 윤하가 안 할까요?

지혜쌤 음. 윤하가 할 수도 있고 안 할 수도 있지만, 우선, 너의 생각을 명확하게 잘 전달하는 게 중요해.

지민이 어떻게 했더라? 생각이 안 나요.

지혜쌤 화가 났던 게 어떤 상황이었지?

지민이 제가 싫어하는 별명을 자꾸 부르는 거요.

지혜쌤 그러면 지민이 기분은 어때?

지민이 기분이 나쁘고 화가 나요.

지혜쌤 그럼 윤하가 어떻게 했으면 좋겠어?

지민이 그냥. 앞으로는 제 이름을 불러 주면 좋겠어요.

지혜쌤 그러면 상황-감정-바람의 순서로 말해 볼까?

지민이 네가 내 별명 부를 때, 나는 기분이 나빠, 내 이름을 부르면 좋겠어.

지혜쌤 그래 좋아. 그럼 윤하한테 말하듯이 말해 볼까?

지민이 "윤하야, 네가 내 별명을 불러서 나는 기분이 나쁘고 화가나. 앞으로 내 이름을 불러 주면 좋겠어."

지혜쌤 그래, 그렇게 하면 돼. 지민아 윤하한테 지금처럼 말할 수 있지?

지민이 네. 쌤.

지혜쌤 선생님도 윤하를 만나면 상대방이 싫어하는 행동은 하지 않아야 한다고 분명하게 이야기해 줄게.

지민이 알겠어요.

💡 이렇게 지도해 보세요

살아가다 보면 화나고, 힘들고, 우울하고, 마음 상하고, 이해할 수 없는 일을 겪는 경우가 종종 생깁니다. 이런 상황에서 어떻게 내 생각과 감정을 잘 표현할 수 있을까요? 누군가는 불편한 마음을 다른 사람에게 인신공격으로 풀고, 어떤 사람은 그 자리에서 크게 분노하며 갑작스럽게 화를 쏟아 내 상대를 궁지에 몰아넣기도 하고, 어떤 사람은 그 자리에서 아무런 말도 하지 않다가 집에 가서 다른 이에게 화풀이하기도 합니다.

이런 방법들은 상황을 해결하지 못하고 결국 나쁜 결과로 이어지게 됩니다. 유쾌하지 않은 상황이거나 장소일 때 감정에 휩싸여 내뱉은 말은 더 이상 내가 통제할 수 있는 것이 아닙니다. 이럴 때 우리는 어떻게 말해야 할까요?

첫째, 핑계나 덧붙임 없이 사실만을 이야기합니다. 둘째, 다른 사람을 평가하지 않고, 자기 생각만을 이야기합니다. 셋째, 자신의 느낀 바를 이야기합니다. 이런 방법으로 이야기할 때 다른 이야기를 지어내지 않고 사실만을 말할 수 있습니다. 또 자기의 생각을 전달하면서 상대를 평가하지 않고, 상대에 대한 관심을 표현하지만 옳고 그름을 따지는 등의 논쟁을 피할 수 있습니다.

특수교육대상학생에게 자기표현 방법을 지도할 때 나-전달법(I-message)을 안내하여 지도할 수 있습니다. 나-전달법이란, 나를 주어로 하여 자기 생각과 감정을 표현하는 방식으로 문장을 구사하여 대화하는 방법을 말합니다. 너를 주어로 하는 너 전달법(You-message)

과 반대되는 개념입니다. 상대방의 행동이나 생각에 초점을 맞추지 않고, 나 자신의 행동이나 생각에 초점을 맞추는 것이 다른 일반적인 대화법과 두드러지는 차이점입니다. 나-전달법(I-message)을 사용하면 상대방을 기분 나쁘지 않게 하면서도 자기 생각을 명확하게 전달할 수 있는 장점이 있습니다.

상대방의 감정이 잦아들 때까지 잠시 기다렸다가 평온해진 상태에서 나-전달법(I-message)으로 대화를 하면 효과적일 수 있습니다. 서로 간의 갈등 상황에서 나-전달법(I-message)으로 네가 아닌 나에게 초점을 맞춰서 감정을 솔직하게 표현함으로써 서로 이해를 도울 수 있습니다.

나-전달법 대화의 상황과 예시	
친구가 약속을 안 지켰을 때	"나는 약속을 지키는 것이 중요하다고 생각하는데 너는 왜 약속을 지키지 않았어?"
친구가 내 말을 무시할 때	"네가 나를 무시하는 것 같아. 그 이유를 말해 줄 수 있어?"
친구가 기분 나쁘게 말했을 때	"네가 말한 것 때문에 속상해, 조심해 주었으면 좋겠어."
친구가 부탁을 들어주지 않을 때	"너의 도움이 필요해. 내 부탁을 들어주었으면 좋겠어."
친구가 내 의견을 존중하지 않을 때	"나는 너의 의견을 존중해. 그리고 내 의견도 중요하다고 생각하는데 너는 어떻게 생각하니?"

함께하면 더 좋은 의사소통 활동

- **제목**   감정 대화 나누기(나-전달법 표현하기)
- **인원**   2인 1조
- **준비물**   감정 카드(기성품 또는 자체 제작)
- **활동 방법**

① 여러 가지 상황이 표현된 감정 카드를 상황별로 분류한다.
  (예: 기쁨, 불쾌, 슬픔, 화남, 걱정 등)

② 교사가 상황 카드에서 하나를 골라 상황을 설명하고, 어떤 감정(기분)이 드는지, 나의 바람은 무엇인지 말하는 시범을 보인다.

③ 2인 1조로 조를 나누고, 상황 카드에서 하나를 골라 어떤 상황인지, 이럴 때 어떤 감정(기분)인지, 원하는 것은 무엇인지 각자 표현하는 연습을 한다.

④ 갈등 상황이 적힌 카드를 골라 한 명이 상황을 설명하면, 다른 사람은 갈등 상황을 이해하고, 이때 감정은 어떤지, 나의 바람은 무엇인지 말한다.
  예) 상황-감정(기분)-바람의 순서로 말하기

⑤ 기쁨, 불쾌, 슬픔, 화남, 걱정 등 여러 가지 갈등 상황을 연습해 나-전달법이 익숙해지도록 한다.

⑥ 여러 가지 갈등 상황을 연습해 본 소감을 친구들 앞에서 발표한다.

예) 조별 과제를 해 오지 않는 친구에게 짜증이 날 때

- 상황: A가 조별 과제를 안 해 옴.
- 감정: 우리 조가 점수를 못 받을 것 같아 걱정됨.
- 바람: 앞으로는 과제를 꼭 해 오면 좋겠어.

☞ 네가 조별 과제를 안 해 오니 우리 조가 점수를 못 받을 것 같아 걱정돼. 앞으로는 과제를 꼭 해 오면 좋겠어.

예) 약속 시간이 한참 지나서야 약속 장소에 온 친구에게

- 상황: 약속 시간에 늦은 친구.
- 감정: 전화도 받지 않고 무슨 일이 생겼나 걱정됨.
- 바람: 약속 시간에 늦지 않았으면 좋겠어.

☞ 약속 시간에 늦어 전화했는데 연락이 안 되어 무슨 일이 있나 걱정됐어. 앞으로는 약속 시간에 늦지 않게 와 주면 좋겠어.

● **도움말**

나 - 전달법 연습을 위한 다양한 교재나 감정 카드는 서점이나 인터넷 구매 사이트를 통해서 쉽고 간편하게 구입할 수 있습니다. 또한 학생이나 학교의 상황에 따라 필요한 부분을 만들어 사용할 수 있습니다. 감정 대화 나누기 연습은 학생들이 겪는 학교생활 속 여러 가지 갈등 상황에서 나라면 어떻게 대처해야 할지 미리 생각하고 연습할 수 있는 장점이 있습니다. 감정표현 연습을 통해 친구 관계도 돈독해지고, 학교폭력예방 교육 프로그램으로도 활용할 수 있습니다.

6주차 금요일

DAY 30

괴롭히지 좀 마!

괴롭힘을 당하는 상황에서 대응하기

학교 현장을 멍들게 하는 학교폭력 상황이 점차 증가 추세에 있습니다. 특수교육대상학생의 경우도 마찬가지입니다. 특수교육대상학생들은 친구들로부터 괴롭힘을 당하면서도 적절한 의사표현방법과 대처 방법을 몰라 그저 참아 내거나 혼자 괴로워하는 학생들이 많은 것이 사실입니다. 따라서 이러한 상황에서 적절한 말하기를 할 수 있는 것은 중요합니다. 이번 내용에서는 친구가 괴롭히는 상황에 부닥쳤을 때, 대응하는 말하기를 연습할 수 있도록 준비하였습니다.

대본을 보고 역할극을 해 봐요

2교시 사회 시간, 교실 가장자리에 배치된 모둠 1이 소란스러워지기 시작한다. 진선이 등을 한솔이가 펜으로 찌르기 시작한다.

한솔이 (웃음 띤 얼굴로 진선이를 펜으로 찌르기 시작한다) 히히.

진선이 (자리에서 뒤를 돌아보며 단호한 얼굴로) 한솔아, 그만해! 이제 그만 장난쳐!

한솔이 (약간 당황한 표정이지만 계속해서 펜으로 찌르며) 왜 그래? 난 재미있는데? 너도 재미있잖아!

진선이 (목소리에 힘을 주어) 한솔아, 그만해! 네가 그렇게 나를 찌르는 게 나는 재미있지 않아. 네가 날 찌르면 아프기도 하고 기분도 안 좋아. 너에게는 재미있을지 몰라도 난 그렇지 않아.

한솔이 (약간 놀라며) 그… 그래?

진선이 진짜 이제 그만해.

한솔이 재미있으라고 나는 한 건데….

진선이 내가 싫다고 말했잖아. 싫다는 표현을 했는데도 계속해서 장난을 거는 건 잘못된 일이야. 학교폭력이라고.

한솔이 (당황한 표정으로) 학교폭력이라고? 내가?

신선이 그래! 나는 싫다는 표현을 분명히 했는데도 너는 지금 계속 나를 괴롭히잖아. 그런 것도 학교폭력이라고 열정쌤이 말씀하셨단 말이야.

한솔이 (미안함이 서린 얼굴로) 아, 그래. 그랬었지. 난 괴롭히려는 건 아니고 네가 재밌을 줄 알고 한 건데….

진선이 한솔이 네가 계속해서 같은 장난을 반복한다면, 난 선생님께 네가 했던 일을 말씀드릴 수밖에 없어.

한솔이 알았어. 안 할게. 안 하면 되잖아.

진선이 그리고, 네가 사과했으면 좋겠어.

한솔이 그래. 진선아, 미안해. 내 장난으로 기분이 나빴다면 사과할게. 이제 그만 장난칠게. 미안해.

진선이 알았어. 다음에는 그렇게 하지 마. 네 사과 받아 줄게.

한솔이 고마워. 미안해.

진선이 이제 우리도 발표 준비해야지. 같이 하자 한솔아.

한솔이 알았어!

💡 이렇게 지도해 보세요

학생이 아닌 성인도 타인의 괴롭힘에 적극적으로 대응하는 말하기는 쉬운 일이 아닙니다. 특히 '또래 안에서 소속감'을 중요시하는 요즘 학생들에게 자신의 의견을 단호하게 말하는 것은 더 어려울 수 있습니다. 그러나 이러한 말하기가 분명히 필요할 때가 있습니다. 앞서 보았듯이, '누군가에게 괴롭힘을 당하고 있는 순간'이라거나 '괴롭힘으로 인해 다른 사람이 힘들어하는 모습'을 보았다면, 이때는 주저 없이 '싫다.'라는 의사표현을 해야 합니다.

이러한 대응하는 말하기 방법은 여러 가지가 있습니다. 감정에 휩싸여 격하게 표현한다거나 무엇이 싫은지 분명하게 밝히지 않는 것은 잘못된 방법입니다. 두루뭉술하게 "싫어."라고만 말한다면 머지않아 싫은 일이 또 생기기 마련입니다. 어떻게 해야 현명하게 나의 감정과 의사표현을 전달 할 수 있을까요?

첫 번째로 제안하고 싶은 것은 '싫은 이유', 즉 거절의 이유를 정확하게 밝히는 것입니다. 재미로 장난을 치는 상대방의 입장에서는 나의 장난이 친구에게도 재미있다고 생각하는 것이 대부분입니다. 이럴 때 '싫은 이유'를 명확히 밝힌다면 듣는 사람 입장에서도 자신의 행동에 대해 다시금 떠올리며 반성할 수 있을 것입니다.

두 번째로 필요한 것은 단호한 표정과 말투입니다. 일상적인 대화의 순간에도 몸짓과 같은 비언어적인 요소들은 나와 상대방의 의사를 알려 주는 매개체입니다. 친구가 괴롭히는 상황에서 크게 웃으며 "싫어!"라고 말하는 것과 굳은 표정으로 "싫어."라고 말할 때, 상대방이 느끼는 기분은 크게 다를 것입니다. 특수교육대상학생들은 이러한 비언어적인 의사소통에 취약하여서 상황에 적절한 연습을 꾸준히 실천할 필요가 있습니다.

　세 번째로 괴롭힘의 상황에서 회피하는 방법과 선생님에게 도움을 요청하는 방법에 대한 지도가 필요합니다. 괴롭히는 상황이 계속 이어질 경우, 그 자리를 떠나 도움을 청할 수 있는 어른 곁으로 간다거나, 특수교사에게 즉시 괴롭힘을 당하고 있는 현재 상황을 알릴 수 있도록 지도해야 합니다.

친구가 괴롭히는 상황에서 단호하게 말하기 예시
- "네가 하는 행동이 나를 불편하게 해. 그만해!" - "네가 왜 그러는지 모르겠지만, 그만했으면 좋겠어." - "네가 나를 괴롭히는 것은 잘못된 행동이야." - "괴롭히는 것을 멈추지 않으면, 어른에게 도움을 요청할 거야." - "지금 하는 것을 당장 멈춰. 그만해."

 함께하면 더 좋은 의사소통 활동

- **제목** 감정 쓰레기통
- **인원** 학급 인원 전원
- **준비물** A4용지, 학생에 따라 AAC 기기 가능
- **활동 시간** 학생당 5분 이내
- **활동 방법**

① 교사는 학교 안팎에서 발생할 수 있는 괴롭힘 상황을 설명하고, 학교폭력의 위험성에 대해 지도한다.
② 학생들에게 A4용지를 나눠 주고, '누가, 언제, 어디서, 괴롭힘의 행동을 하였는가.' '그럴 때 나의 기분은 어땠는가.'의 순서로 발표문을 작성하도록 지도한다.
③ 발표문이 완성되면, 발표 단상과 단상 밑으로 쓰레기통을 준비한다.
④ 학생은 발표문을 읽고 난 후, 발표문을 구기거나 찢어 감정표현을 충분히 하고 쓰레기통에 버린다.
⑤ 교사는 학생의 발표문에 대해서 짧게 피드백해 주거나, 괴롭힘의 상황이 맞는다면 해당하는 학생들이 자기 행동에 대해 사과할 수 있는 시간을 부여한다.

- **도움말**

  심각한 괴롭힘이 아니더라도 학교생활을 하며 사소하게 생긴 서운한 감정들도 적어 보고 공유하는 것이 좋습니다. 학생들의 마음속에 있는 작은 응어리라도 말로 표현함으로써 해소할 수 있도록 하는 것이 이

활동의 목적입니다. 마술사들이 사용하는 '플래시 페이퍼'를 사용하면 종이가 순식간에 불타 사라지는 효과를 학생들과 경험할 수도 있습니다. 교실 밖에서 안전에 유의하여 사용한다면 즐거운 활동으로 구성할 수 있습니다.

WEEK 7
말하기 연습

월요일   학교폭력 상황 신고하기

화요일   발표 시간에 용기 내서 말하기

수요일   다른 사람 의견에 동의하기

목요일   학습 내용을 이해했다고 대답하기

금요일   주제에 대해 토론하기

7주차 월요일

DAY 31
선생님, 드릴 말씀이 있는데요

학교폭력 상황 신고하기

이번 내용에서는 학교폭력 상황을 경험한 학생이 자신이 겪은 일을 담임선생님께 알리는 대화로 구성되었습니다. 학교폭력에 노출된 상황에서 빠져나오는 것도 중요하지만 학교폭력을 당한 이후 자신이 당한 피해 내용에 대해 선생님께 구체적으로 신고하는 능력도 필요합니다. 다음 대화 내용을 학교폭력 예방 차원에서 연습해 보도록 하는 것도 좋은 방법입니다.

대본을 보고 역할극을 해 봐요

수요일 점심시간, 교실이 어수선합니다. 이 와중에 한솔이가 진선이 등을 볼펜으로 꾹꾹 찌르고 있습니다.

한솔이 (볼펜으로 찌르며) 진선! 진선! 나 좀 봐. 히히.

진선이 그만…. 그만해. 지난번에도 계속 그러더니 왜 또 이러는 거야!

한솔이 왜, 난 재미있기만 한데. 억울하면 너도 하면 되지. 같이 볼펜으로 칼싸움하자 우리~

진선이 난 재미없어. 그만해, 진짜! 지난번에도 이렇게 해서 나한테 사과했던 거 잊었어?

한솔이 (능청스럽게) 그래? 그랬었나? 기억이 잘 안 나네.

진선이 내가 이렇게 하는 거 학교폭력이라고 했지?

한솔이 (볼펜으로 티셔츠에 낙서하며) 왜 그래~ 재밌잖아~ 내가 그림도 그려 줄게. 히히.

진선이 (결국 울음을 터트리며) 뭐 하는 거야! 으앙~ 이거 엄마가 사 주신 새 티셔츠인데….

진선이가 책상 위에 엎드려 울다가 벌떡 일어나 교무실로 향한다.

진선이 저, 선생님. 안녕하세요. 드릴 말씀이 있는데요.

열정쌤 그래 진선아, 무슨 일이니?

진선이 좀 전에 있었던 일인데, 한솔이가 저를 괴롭혔어요. 그래서 선생님께 말씀드려야 할 것 같았어요.

열정쌤 한솔이가 괴롭혔다고? 어떻게 된 건지 설명할 수 있니?

진선이 네. 좀 전에 저는 그냥 제 자리에 앉아서 그림 그리고 있었는데, 한솔이가 뒤에서 볼펜으로 찌르고 또 새로 산 티셔츠에 낙서까지 했어요. 이것 보세요.

열정쌤 (걱정하며) 아이고…. 속상했겠네.

진선이 그리고 제가 싫다고 하는데도 억지로 찌르고 낙서하고….

열정쌤 그래서 진선이는 어떻게 했어?

진선이 저는 그냥 기분이 나빠서 엎드려 울었어요.

열정쌤 그랬구나, 진선아. 우선 네 얘기 선생님이 잘 들었고 한솔이한테도 선생님이 어떻게 된 일인지 알아볼게. 이렇게 선생님을 찾아와 이야기해 줘서 고마워.

진선이 이런 일이 있으면 선생님께 신고하라고 말씀하셨던 게 기억이 나서요.

열정쌤 그래 맞아. 선생님이 알아야 하는 내용이니까 꼭 말해 줘야 돼. 이렇게 말한 것은 참 잘한 거야.

진선이 네, 선생님.

열정쌤 다음에도 이런 일이 있으면 선생님한테 바로 알려 줘.

진선이 알겠어요. 선생님.

🌱 이렇게 지도해 보세요

학교폭력이란 학교 안이나 밖에서 학생 사이에 발생한 상해, 폭행, 감금, 협박, 약취·유인, 명예훼손·모욕, 공갈, 강요 및 성폭력, 집단 따돌림, 정보통신망을 이용한 음란·폭력 정보 등에 의하여 신체·정신 또는 재산의 피해를 수반하는 행위를 말합니다.

안타깝게도 학교폭력의 빈도와 강도가 코로나19 이전보다 높아져만 가고 있습니다. 특수교육대상학생들이 주로 생활하는 특수학교와 특수학급의 상황도 다르지 않습니다. 비장애학생과 특수교육대상학생 간의 학교폭력도 빈번하지만 특수교육대상학생 간의 학교폭력도 심심치 않게 일어나고 있는 실정입니다.

예방적 차원에서 학교폭력의 문제를 학생들에게 알려 주는 것도 좋은 방법입니다. 하지만 이미 학교폭력이 벌어진 상황이라면 그에 알맞게 대처하는 것이 필요합니다. 학습이 느린 우리 아이들에게 학교폭력 상황에 노출되었을 때를 가정하여 이렇게 지도해 보는 것은 어떨까요.

첫째, 학교폭력 상황이 발생했다면, 바로 그 상황에서 벗어나도록 합니다. 주변에 도움을 청할 수 있는 어른이나 교사가 있다면 바로 학교폭력 사실을 알리도록 합니다.

둘째, 학교폭력 상황이 이미 발생한 후라면, 기억하고 있는 내용 그대로를 즉시 주변 교사에게 알려 피해 사실을 알리고 도움을 받도록 합니다. 언제, 누구와, 무슨 일이 있었는지를 되도록 빨리 기억해 내어 객관적 사실을 전달하도록 합니다.

세 번째, 학교폭력 상황에 노출된 친구가 있다면 주변 친구들이 대신하여 신고하도록 돕습니다. 신고 사실이 친구들에게 노출될까 두려워하는 학생이 있을 수 있습니다. 교사는 이러한 신고가 밖으로 노출되지 않고 신고자가 비공개됨을 학생들에게 주지하여 적극적으로 신고하는 문화가 형성되도록 돕습니다.

🧩 함께하면 더 좋은 의사소통 활동

- **제목**   만화로 역할극 하기
- **인원**   학생 1인당 만화학습지 제공
- **준비물**   4컷 만화 또는 학생의 얼굴이 인쇄된 프린트물
- **활동 시간** 약 20분~25분
- **활동 방법**

① 4컷 만화 또는 학생의 얼굴이 인쇄된 학습지를 준비한다. 인터넷 검색을 통해 다양한 4컷 만화를 준비하고 말풍선을 지운 다음 복사해서 활동지를 만들 수 있다.

② 만화에 그려진 주변 상황을 이용하거나, 교사가 직접 만화와 연계되는 상황을 제시한다.

③ 학생들에게 말풍선의 빈칸에 들어갈 알맞은 말을 써 넣도록 지도한다.

④ 완성된 만화를 전시할 수 있으며 완성된 만화의 내용을 바탕으로 역할극을 실시해 본다.

- **도움말**

만화로 역할극을 하는 것뿐만 아니라 짤막한 시트콤이나 영화의 일부분, 드라마 일부분을 편집하여 주인공들이 말하는 대본을 보고 더빙하듯 말하기 연습을 해도 좋습니다. 혹은 정해진 대본이 아니어도 대본을 새롭게 창작하여 말하기를 할 수 있습니다.

7주차 화요일

DAY 32
제가 발표해 보겠습니다

발표 시간에 용기 내서 말하기

누구든 다른 사람 앞에 서서 자기 생각이나 주장을 이야기하는 것이 쉽지 않습니다. 잘하고 싶은 마음이 너무 커서 오히려 긴장하게 되어 더 떨리고 두려울 수 있어요. 나만 떨리는 게 아니니 걱정하지 마세요. 이번 시간에는 발표를 두려워하는 특수교육대상학생에게 발표할 때 긴장하지 않고 말하기를 연습할 수 있습니다.

대본을 보고 역할극을 해 봐요

주말과 현충일이 이어진 긴 연휴를 보내고 온 친구들이 오랜만에 만나 즐겁게 이야기를 하는데 수업 시작종이 울린다.

열정쌤 연휴 잘 보내고 왔나요? 이번 시간에는 연휴 동안 어떻게 지냈는지 한번 발표해 보기로 했죠?

주영이 선생님은 어떻게 보내셨는지 선생님 먼저 말씀해 주세요.

열정쌤 선생님은 지난 주말에 가족들과 캠핑을 다녀왔어요. 캠핑 가서 고기도 구워 먹고, 마시멜로도 구워 먹고, 불멍도 했어요.

주영이 불멍이 뭐예요?

열정쌤 밤에 화로에다가 불 피워 놓고 그냥 멍~하니 바라보는 거야. 아무튼 선생님은 이렇게 캠핑을 가서 스트레스를 해소하고 돌아왔답니다. 자! 그럼 여러분들도 한번 발표해 볼까요?

학생들 네!

열정쌤 누가 먼저 발표할까요? 주영이가 손 들었네, 주영이가 먼저 말해 보세요.

주영이 저는 가족들과 시골 할아버지 댁에 다녀왔어요. 아빠랑 함께 할아버지 일을 도와드렸어요.

열정쌤 주영이는 시골에 다녀왔군요. 조금만 더 자세하게 이야기해 줄래?

수영이 시골에 가면 할 일이 많거든요. 밭이 많아서 잡초도 뽑고 콩 같은 것도 따서 콩 껍질도 까고 열심히 농사를 도와드렸습니다.

열정쌤 우와~ 할아버지께서 좋아하셨겠다. 발표 아주 잘했어요. 다음은 지운이가 발표해 볼까요?

지운이 (들릴 듯 말 듯 한 목소리로) 저… 저… 안 하면 안 돼요?

열정쌤 지운아, 자리에서 일어나 발표해 볼까?

지운이 (고개를 푹 숙이고) 하기 싫어요. (한참 후) 못 할 것 같아요.

열정쌤 지운이가 많이 떨리나 보다. 그래도 일어나 볼까? 친구들이 지운이 이야기를 듣고 싶어 하는데?

지운이 (천천히 자리에서 일어나) 떨려서 못 할 것 같아요. 창피해요.

열정쌤 지운아, 떨리고 힘들겠지만 그래도 한번 해 보자.

지운이 네. 그럼 제가 발표해 보겠습니다. (떨리는 목소리로) 저는 주말에 영화 봤어요.

열정쌤 지운이는 주말에 영화를 봤구나. 무슨 영화를 봤어요?

지운이 (긴장한 목소리로) 「미션 임파서블」이요.

열정쌤 「미션 임파서블」? 재미있었겠다. 누구랑 영화를 봤어요?

지운이 (얼굴이 빨개지며) 엄마 아빠랑 같이 봤어요.

열정쌤 지운이가 떨리고 긴장돼서 발표하기 힘들었을 텐데 잘했어요. 그러면 한 번 더 지난 주말에 영화를 봤다고 붙여서 말해 볼까?

지운이 네. 저는 지난 주말에 영화를 봤어요.

💡 이렇게 지도해 보세요

　예전에 학교 다닐 때 수업 시간을 생각해 보면 선생님께서는 번호를 부르거나 줄대로 차례차례 발표를 시키셨습니다. 내 번호가 불리지 않을까 긴장하고, 내 순서가 다가오는 것을 느끼며 손에 땀이 맺히는 경험을 했습니다. 많은 사람들의 시선을 받으며 앞에 서서 대답하고, 문제를 풀고, 내 생각을 말하는 것이 걱정되어 긴장했던 기억이 있습니다.

　발표할 생각만으로도 너무 떨려서 속이 울렁거리고 머릿속이 하얗게 비어 있는 것 같은 경험을 다들 해 봤을 것입니다. 발표하는 게 어려운 건 내성적인 성격 때문만은 아닐 것입니다. 조용하지만 다른 사람들 앞에서 당당하게 말하는 사람도 많이 있습니다. 실수하지 않고 완벽하게 해야 한다고 생각해 몸에 힘이 들어가 더 긴장하거나, 실수하거나 틀리면 친구들이 놀릴 것 같다는 생각 때문에 발표가 더 두려웠을 것 같습니다.

　어른이 되어도 발표할 일이 생기면 떨리고 긴장하게 되는데, 특수교육대상학생이 발표를 힘들어하고, 걱정하는 것은 어떻게 보면 자연스러운 일입니다. 그래서 특수교육대상학생이 발표하고 다른 사람 앞에서 이야기하는 것을 부끄러워하는 것이 잘못된 일이라거나 창피한 것이 아니라 누구도 그럴 수 있음을 알려 줍니다. 그것은 아주 자연스러운 일입니다. 그러므로 특수교육대상학생들은 자주 발표하는 경험을 하고 연습이 필요합니다. 다른 사람들 앞에서 이야기하고 발표해야 하는 학생들에게 선생님께서는 어떻게 지도해야 할까요?

　이럴 때는 첫째, 누구나 다 긴장한다고 말해 주고 잘할 수 있다고 용기를 주어야 합니다. 둘째, 다른 친구가 발표하다가 실수하더라도 놀리기보다 칭찬하고, 격려해 주어야 한다고 지도해야 합니다. 셋째, 친구들 앞에서 자주 발표하는 기회를 얻고, 자기 생각이나 느낌을 발표를 경험해야 합니다. 넷째, 가족이나 거울 앞에서 어떤 표정을 짓고, 어떤 말을 해야 할지 연습하도록 격려합니다. 자신의 의견을 자신감 있게 표현하도록 가정과 학교에서 지도해야 합니다. 그리고 발표하기 전 '떨려도 잘할 수 있어.'라고 마음속으로 주문을 외우면 긴장감이 조금은 낮아질 수도 있겠죠?

발표하는 것을 걱정하는 학생에게 교사가 할 수 있는 말
- "선생님도 학생 때는 발표할 때 정말 떨렸어." - "발표할 때는 긴장되는 것이 당연한 거야. 괜찮아." - "용기를 내서 한번 발표해 보면 다음엔 더 잘할 수 있을 거야." - "실수해도 괜찮아. 처음부터 잘하는 사람은 없어." - "기다려 줄 테니 마음의 준비가 되면 말해 줘."

🧩 함께하면 더 좋은 의사소통 활동

- **제목**   지시에 따라 빈칸 채우기
- **인원**   학급 인원 전원
- **준비물**   A4용지, 필기도구
- **활동 방법**

① 바둑판(4×4, 5×5, 6×6 등 학생의 수준 고려) 모양의 빈칸이 인쇄된 A4용지를 학생들에게 나누어 준다.

② 교사는 활동 시작 전 바둑판 모양의 빈칸에 그림이나 기호를 그려 넣은 종이(답지)를 준비한다.

③ 교사는 학생들에게 "시작 칸에서 오른쪽 3칸 옆에 ×모양을 그리세요."라고 지시 사항을 전달하고, 학생들은 교사의 지시에 따라 해당 칸에 지시한 모양을 그린다.

④ 그다음 ×모양에서 다시 한번 위, 아래, 왼쪽, 오른쪽으로 교사의 지시에 따라 칸을 이동하도록 한 후 기호를 그리도록 한다. 학생들은 교사의 지시사항을 잘 듣고 순차적으로 그림이나 기호를 적어 완성한다.

⑤ 모든 지시 사항을 완료한 후 최종적으로 교사의 지시와 동일한 그림을 그린 학생을 찾는다. 그림 대신 단어나, 문장으로 해도 좋다.

빈칸 채우기 활동판 예시

시작	♥		×	
		△		
☎	○			★
			♪	
	▲			◎

교사의 지시 사항 예시

1. 시작이라고 쓰인 곳에서 시작합니다.
2. 시작에서 오른쪽으로 세 칸 이동 후 ×표시 하세요.
3. ×표시에서 아래로 세 칸 내려가서 ♪를 그리세요.
4. ♪표시에서 왼쪽으로 두 칸, 위로 한 칸 올라간 후 ○를 그리세요.
5. ○표시에서 위로 두 칸 올라가서 ♥를 그리세요.
6. ♥표시에서 오른쪽으로 세 칸, 아래로 두 칸 이동 후 ★을 그리세요.
7. ★에서 아래로 두 칸 이동 후 ◎를 그리세요.
8. ◎에서 왼쪽으로 두 칸, 위로 세 칸 이동하고 △를 그리세요.
9. △에서 왼쪽으로 두 칸, 아래로 한 칸 이동하고 ☎를 그리세요.

7주차 수요일

DAY 33
네 생각이 맞는 것 같아

다른 사람 의견에 동의하기

다른 사람들의 의견과 내 생각을 조율하는 과정에서 서로의 생각을 존중해야 하고 그러면서도 최선의 선택을 해야 하는 과정이 필요합니다. 이번 시간에는 친구들 사이에서 서로 의견이 다를 때는 문제 해결을 위해 서로의 의견을 정확히 밝히고, 친구들이 선택할 수 있는 기회를 공평하게 주어 최선의 선택을 하는 연습을 할 수 있습니다.

대본을 보고 역할극을 해 봐요

여름 방학을 며칠 앞두고 서윤이, 하늘이, 보람이가 모여 동네에 새로 생긴 맛집에 가기로 한 날을 정하고 있다.

하늘이 보람아, 서윤아. 이번 주가 방학인데 새로 생긴 마라탕 집에 언제 가면 좋을까?

보람이 그래! 마라탕 먹으러 가기로 했었지?

서윤이 그러면 금요일에 방학식 끝나고 바로 가자.

하늘이 나 금요일에는 약속 있는데, 엄마랑 병원 가기로 했어. 토요일에 가면 어때? 토요일은 주말이라 학원에 안 가도 되고, 늦게까지 놀 수 있잖아?

서윤이 토요일은 태풍이라 비도 많이 온다는데. 어쩌지?

보람이 그러면 일요일에 가면 어떨까? 금요일은 하늘이가 약속이 있고, 토요일은 태풍이라 좀 어려울 것 같은데.

서윤이 그냥 토요일에 만나자. 태풍이라도 우산 쓰고 만나면 되잖아. 그리고 일기예보 아마 틀릴 거야. 너 그런 말도 안 들어 봤어? 기상청 체육대회 때 비 왔다잖아. 하하하.

하늘이 맞아 맞아. 하하하. 그래도 혹시 모르니까 조심하긴 해야 할 것 같아. 요즘에 날씨가 이상하잖아. 폭우가 내리기도 하고.

보람이 내 생각에 태풍이 오는데 밖에 나가는 건 위험해. 아마 우리 엄마도 허락하지 않으실 거야.

하늘이 그래. 네 생각이 맞는 것 같아. 우리 엄마도 안 된다고 할 것 같아.

서윤이 그래. 아쉽더라도 우리 그럼 일요일에 보자.

하늘이 좋아! 으아~ 마라탕! 마라탕! 난 최고 단계 먹을 수 있어.

보람이 말도 안 돼! 그건 사람이 먹을 수 있는 게 아니라고!!!

서윤이 마라탕도 먹고 다른 메뉴도 더 시켜 먹자~

하늘이 (휴대폰을 만지며) 메뉴 뭐 있나 볼까?

보람이 아무튼, 그럼! 일요일에 꼭 보는 거다!

하늘이 난 좋아. 서윤이 넌 어때?

서윤이 당연히 가능하지! 우리 몇 시에 만날까?

보람이 자세한 건 오늘 저녁에 집에 가서 카톡으로 얘기하자.

하늘이 그래, 카톡해. 잘 가~

서윤이 안녕!

이렇게 지도해 보세요

학교는 많은 학생들이 모여 생활하는 공간입니다. 학교의 많은 학생들 중에는 친구들 사이의 대화를 이끌어 가는 친구, 자기주장을 펼치기보다는 다른 이의 의견에 잘 따르는 친구, 자기 생각만을 고집하는 친구 등 다양한 성격의 친구들이 모여 있습니다. 각양각색의 친구들이 각자의 주장을 펼치고 서로 다른 의견을 제시할 때는 이를 하나로 모아야 할 경우가 매우 많습니다.

서로 자기주장만 하다 보면 이야기만 길어져 결론에 이르기가 어렵습니다. 이럴 경우는 어떻게 해야 할까요? 친구들 간의 의견이 서로 달라 시간이 흐를 때는 의견을 조율해야 할 필요가 있습니다. 누군가는 이야기를 이끌어 가야 하지 않을까요? 문제를 현명하게 해결하는 리더가 필요합니다. 리더가 문제 해결을 제안하고 서로 다른 친구들의 의견을 하나로 모아야 합니다. 이때 '우리', '모두', '함께', '서로'와 같은 단어를 쓰면 좋습니다. "우리 모두 방법을 찾아보자. 이렇게 하면 어떨까?"라고 제안을 할 수 있습니다. 리더는 자기 생각을 명확히 밝히고 친구들에게 선택할 수 있는 기회를 주어 좋은 방법을 이끌어 내야 합니다.

다른 사람의 생각을 존중하고 협조하는 것도 중요하지만, 내 자신의 생각도 존중해야 합니다. 다른 사람의 눈치를 보며 표현하지 못하거나, 친구와 잘 지내고 싶어서 상대가 원하는 대로 행동하는 것은 나 자신을 존중하는 것이 아닙니다. 내 생각을 명확하게 표현하고 말할 수 있는 힘이 특수교육대상학생들에게 반드시 필요합니다.

그리고 여러 사람들의 의견이 하나로 모아졌다면 그 의견에 뜻을 같이하고 따라야 합니다. 내 생각과 다른 의견이라도 서로가 다름을 존중하면 대화가 훨씬 더 풍성해지고 더 좋은 아이디어가 떠오를 수 있습니다. 학교와 가정에서도 특수교육대상학생들에게 자기 생각을 명확히 표현하고 의견을 조율하는 연습의 시간을 많이 가질 수 있도록 지도가 필요합니다. 그리고 하나로 모아진 의견이 내 생각과 다를 수 있음을 받아들이고 다른 사람의 생각에 동의하고 그 의견에 따르는 기회를 많이 가질 수 있도록 지도해야 합니다.

친구의 말(의견)에 동의하는 말하기 예시

Q. 예: 생일 선물로 캐릭터 키링을 준비하는 건 어떨까?

- "네가 말한 것에 동의해."
- "네가 말한 것이 가장 좋은 방법인 것 같아."
- "나도 그렇게 생각해."
- "나도 너랑 같은 의견이야."
- "좋은 생각이야(좋은 아이디어야)!"
- "어떻게 그렇게 좋은 생각을 했어?"
- "그게 바로 내가 하고 싶었던 말이야."

함께하면 더 좋은 의사소통 활동

- **제목**   할리갈리 동의 게임
- **인원**   4명
- **준비물**   주제 카드, 단어 카드, 할리갈리 종(교탁 종)
- **활동 방법**

① 학생 개인별로 한 가지 주제와 관련된 7장의 카드를 만든다.
   (예: 봄, 동물, 과자 이름, 색깔로 4명이 각각 7장 단어 카드 만들기)
② 테이블 중앙에 종을 놓고, 각자 만든 단어 카드를 잘 섞은 후 7장씩 나누어 갖는다.
③ 학생들은 본인이 가지고 있는 카드를 알 수 없도록 뒤집어 놓는다.
④ 교사가 주제 카드를 보여 주고 "이 단어 카드는 ○○에 볼 수 있는 단어입니다."라고 외치면 학생들이 순서대로 자기 앞의 카드를 한 장씩 뒤집어 놓는다. 이때 교사가 제시한 주제 카드에 해당하는 단어 카드가 나오면 재빨리 할리갈리 종(교탁 종)을 치며 "동의합니다!"라고 외치고 해당 카드를 가지고 간다.
⑤ 학생들이 가지고 있는 단어 카드를 모두 뒤집으면 주제 카드와 관련된 단어 카드를 가장 많이 가지고 있는 학생이 이기는 게임이다.
⑥ 학생들은 각자 자기 앞에 놓인 단어 카드를 연결 지어 문장을 만들어 발표한다.
   (예: 단어 카드를 3개 가지고 있는 학생의 경우 "봄에는 벚꽃, 새싹, 나비를 볼 수 있습니다.")

주제 카드 & 단어 카드 예시	
주제 카드	단어 카드
주제: 봄	벚꽃 새싹 나비 봄옷 개나리 튤립 봄 소풍 춘분
주제: 동물	강아지 원숭이 사자 사슴 고양이 코끼리 토끼 하마
주제: 과자 이름	새우깡 바나나킥 치토스 칸초 홈런볼 초코파이 자갈치 양파링
주제: 색깔	빨강색 노란색 보라색 초록색 파랑색 분홍색 주황색 검정색

7주차 목요일

DAY 34
선생님, 저 이해했어요!

학습 내용을 이해했다고 대답하기

이번 시간에는 수업 시간, 자신이 수업에서 배운 내용을 이해했음을 교사에게 표현하는 방법에 대해 다루게 됩니다. 특수교육대상학생의 경우, 자신이 이해하지 못했음을 적극적으로 알리지 못해, 알지 못하면서도 고개를 끄덕이거나 해당 내용을 다시 배워 볼 기회를 잃어버리는 경우가 많습니다. 이번 시간의 학습을 통해 자신이 학습한 내용의 이해도를 충분히 교사에게 알리는 방법을 학생들이 배웠으면 합니다.

대본을 보고 역할극을 해 봐요

화요일 3교시 수학 시간, 수영이와 예림이가 수학 문제를 풀고 있습니다.

열정쌤 자, 선생님이 오늘 수학 시간에 학습할 내용에 대해서 우리 반 인터넷 카페에 동영상을 만들어서 올려 놨어요. 지금부터 각자 태블릿을 켜고 동영상을 보고 오세요. 3분짜리니까 금방 볼 거예요.

학생들이 동영상을 본다.

수영이 (혼잣말로) 아~ 이거였구나. 음. 좋아.
열정쌤 수영아, 동영상의 내용이 이해되니?
수영이 네. 삼각형의 넓이를 구하는 거네요.
열정쌤 어떻게 하는 거지?
수영이 밑변 곱하기 높이 하고 2로 나누면 되네요! 쉽네요!
열정쌤 그래 좋아. 문제 풀이 한번 해 보자~ 예림이도 동영상 다 봤지?
예림이 (주저하며) 네…. 그런데 잘 이해가 안 돼요.
열정쌤 그래? 괜찮아. 선생님이 다시 한번 천천히 설명해 줄게.
예림이 네. 선생님.
열정쌤 삼각형에서 밑변이 뭔지 이해했어?
예림이 잘 모르겠어요.
열정쌤 이 삼각형을 바닥에 붙인다고 한번 생각해 봐. 바닥에 딱 붙는 면이 바로 밑변이야.

예림이 아… 그렇구나….

열정쌤 삼각형의 밑변은 정해진 게 아니고 삼각형을 이렇게 돌려 보면 바닥에 닿는 부분이 바뀌잖아. 그럼 밑변이 계속 바뀌는 거야. 이해했니?

예림이 네. 이해했어요.

열정쌤 예림이 높이는 뭔지 기억나?

예림이 네~ 얘기 듣다 보니까 사각형 넓이 계산했던 게 생각났어요.

열정쌤 맞아. 삼각형은 밑변에서 수직으로 반대쪽에 있는 꼭짓점까지 선을 그으면, 그 길이가 높이가 되는 거야.

예림이 아~ 아까 선생님이 만든 동영상에서도 그 내용이 나왔어요.

열정쌤 그래. 맞아.

예림이 그런데 왜 마지막에 2로 나누는 거예요?

열정쌤 삼각형을 두 개로 붙이면 큰 사각형 모양이 되거든. 그래서 밑변 곱하기 높이가 사각형의 넓이를 구하는 건데 거기에서 반으로 나누어 주는 거야.

예림이 아~

열정쌤 자~ 선생님이 이거 삼각형 두 개 그려서 사각형 만들어 볼게!

예림이 진짜 사각형이 되네요. 그러니까 반만 구해야 하는 거네요.

열정쌤 그렇지! 예림이 이제 삼각형의 넓이 구하는 거 이해했어?

예림이 (웃으며) 네! 선생님! 저 이해했어요.

💡 이렇게 지도해 보세요

특수교육대상학생들과 수업을 하다 보면 교사로서 아리송할 때가 많습니다. 내가 가르치고 있는 내용을 제대로 이해했는지, 혹시 모르는 내용은 없는지 확인하는 것은 중요합니다. 따라서 학생들이 수업 내용이 이해가 가지 않았을 때도 또는 수업 내용을 정확히 이해하였을 때도 손을 들거나 교사의 대답에 응답하도록 지도할 수 있습니다. "선생님 저는 잘 모르겠는데요."나 "선생님 저는 이해했어요."처럼 수업 중간중간 자신이 이해했음을 간단하게 표현할 수 있습니다.

수업 중에 자신이 이해하지 못하는 부분이 있다면 질문을 통해 해결하도록 하는 것도 한 방법입니다. 마찬가지로 수업 중 손을 들어, 자신의 의사표현을 하도록 한다면 수업을 전달하는 교사 입장에서도 학생이 어려워하는 부분을 확인하고 재교수할 수 있을 것입니다. "○○ 부분이 어려워요. 다시 한번 설명해 주세요."나 "제가 잘 못 들었는데 다시 한번 설명해 주시면 안 될까요?"처럼 이전에 이해가 어려웠던 부분을 적극적으로 알려 교사에게 다시 한번 설명해 달라고 요청하는 방법도 있습니다.

마지막으로 교사는 수업의 마지막에 오늘 배운 내용에 대해 요약하여 전달하고 학생들의 반응을 살피며, 학생들의 이해도를 점검할 수도 있습니다. 수업에 대한 소감을 묻고 대답하는 과정을 통하여 학생 개개인의 이해도를 점검하는 것이 가능하기 때문입니다.

🧩 함께하면 더 좋은 의사소통 활동

- **제목**　　문장 퍼즐 놀이
- **인원**　　학급 인원 전체
- **준비물**　A4용지
- **활동 방법**

① A4용지에 특정 상황에 필요한 대답을 적어 놓는다.
  (예: 식당에서 화장실에 가고 싶을 때 → 여기 화장실이 어디에 있나요?)

② A4용지를 가위나 칼로 조각낸다. 조각의 개수가 많아질수록 난이도가 올라가니 초반에는 조각의 수를 적게 하고 나중에는 조각의 수를 많이 해서 난이도를 조절할 수 있다.

③ 교사는 퍼즐을 맞출 수 있는 시간을 정하여 학생에게 알려 준다.
  (예: 이번 퍼즐은 제한 시간이 5분입니다.)

④ 정해진 시간 안에 퍼즐을 완성하고 문장을 읽으면 성공!

상황	대답
식당에서 화장실에 가고 싶을 때	"여기 화장실이 어디에 있나요?"
편의점에서 원하는 물건을 찾기 힘들 때	"○○은 어디에 있나요?"
버스가 목적지에 가는지 궁금할 때	"이 버스 ○○까지 가나요?"
수업이 몇 시에 끝나는지 궁금할 때	"선생님 수업이 몇 분 남았나요?"
원하는 물건의 가격이 궁금할 때	"○○은 얼마인가요?"
날씨가 더워 에어컨을 켜 달라고 요청할 때	"너무 더운데 에어컨 좀 켜 주실 수 있나요?"

7주차 금요일

DAY 35

동물원이 있어야 한다고 생각하니?

주제에 대해 토론하기

오늘은 동물원이라는 주제를 가지고 학생들이 자신의 생각을 표현하고 다른 사람의 생각과 비교해 봅니다. 토론은 학생들이 자기 생각을 표현하고 다른 사람들의 생각을 듣는 자세를 배울 수 있으며 이를 통해 생각을 발전시킬 수 있는 효과적인 방법입니다. 따라서 특수교육대상학생에게도 토론은 중요하며 토론을 기회가 자주 주어져야 합니다.

대본을 보고 역할극을 해 봐요

동물원을 주제로 열정쌤과 학생들이 토론을 하고 있다.

열정쌤 다들 우리 지난주에 동물원 다녀왔던 거 기억하죠?

동동이 네~ 너무 재밌었어요.

열정쌤 재밌었다니 다행이네요. 하늘이는 동물원 다녀온 소감이 어때?

하늘이 저도 재밌기는 했지만, 왠지 동물원에 사는 동물들이 불쌍하다는 생각이 들었어요.

열정쌤 그래? 왜 그렇게 생각했니?

하늘이 동물들이 자유롭게 뛰어놀지 못하고 갇혀 있는 것 같아서요. 저는 동물원 동물들이 감옥 같은 데 갇혀 사는 게 아니라 자유롭게 밖에서 사는 게 좋을 것 같아요.

열정쌤 그렇구나. 그렇게 생각할 수 있어. 그럼 하늘이는 동물원이 필요 없다고 생각하니?

하늘이 네, 저는 동물원이 필요 없다고 생각해요.

열정쌤 만약에 동물원에 동물들이 생활할 수 있는 공간을 넓게 해 주면 어떨까?

하늘이 그러면 좋기는 좋겠지만 결국에는 그래도 갇혀 사는 건 마찬가지니까 안 좋을 것 같아요.

열정쌤 그렇구나. 혹시 다르게 생각하는 사람 있나요?

동동이 네. 저요!

열정쌤 동동이는 동물원이 있어야 한다고 생각하니?

동동이 네. 맞아요. 동물원이 있어야 사람들이 동물을 보고 싶을 때 가까이에서 볼 수 있잖아요. 동물원 가는 거 재밌는데!

열정쌤 단지 그 이유 때문에 동물원이 있어야 한다고 생각하는 거야? 조금 다른 이유를 생각해 볼래?

동동이 (잠시 생각해 본 후) 음… 생각났어요! 동물원에서는 동물들한테 밥도 주고 아플 때는 아프지 않게 돌봐 주는 사육사가 있잖아요. 그러니까 동물원에 사는 동물들은 크게 걱정하지 않아도 되잖아요.

열정쌤 그렇긴 하지. 동물원에 있지 않은 야생동물들은 어떨 때는 먹을 것이 부족해서 고생하기도 해. 예를 들어 겨울철이 되면 먹을 것이 없어진 멧돼지들이 산에서 내려와서 농민들에게 피해를 주기도 한단다.

동동이 맞아요! 그러니까 동물원은 꼭 있어야 해요. 동물원에서는 밥을 꼬박꼬박 잘 주잖아요.

열정쌤 그런데 선생님이 뉴스를 봤는데 지난번에 코로나가 심각할 때는 동물원에 사람들이 잘 오지 않아서 동물원에서 동물들에게 제때 밥을 주지 못한다는 이야기도 있었어요.

동동이 아… 그런가요? 동물원에 산다고 해서 다 배부른 건 아니네요.

하늘이 거 봐요, 쌤. 제 생각에 동물원에 있는 동물들은 행복하지 않을 것 같아요. 그리고 제가 동물원에서 어떤 호랑이를 봤는데 그 호랑이가 우리 안에서 이상하게 빙글빙글 돌기만 하는 걸 봤어요. 몸이 안 좋아 보였어요.

열정쌤 그걸 전문 용어로 '정형행동'이라고 한단다. 동물이 극심한 스트레스를 받으면 반복적인 행동을 하는 이상한 모습을 보이거든.

하늘이 동물원을 없애야 한다니까요.

동동이 동물원을 더 크게 만들면 되죠! 예를 들어 호랑이 우리는 운동장 크기만큼 짓고요.

열정쌤 동동이 네 말처럼 하면 좋을 것 같긴 한데 그렇게 하기 위해서는 돈이 많이 필요하겠지?

동동이 그런가요?

열정쌤 외국에는 동동이가 말한 것처럼 자연 속에서 동물들을 풀어놓고 관리하는 커다란 동물원이 있기도 하단다. 예를 들어 호주에 있는 많은 동물원은 동물들을 자유롭게 자연 속에서 뛰어놀도록 만든단다. 그런 동물원을 친환경 동물원이라고 부르기도 해.

하늘이 그러면 그게 동물원이라고 할 수 있을까요?

열정쌤 동물원은 시대나 상황에 따라 변화될 수 있단다. 요즘은 동물원이 단순하게 동물들을 사람들에게 보여 주기 위한 목적이 아니라, 멸종 위기의 동물들을 잘 보전해서 더 많은 동물이 잘 살아가도록 도와주는 역할을 하기도 해. 자, 여기까지 이야기해 봤는데 다들 동물원에 관한 생각을 다시 한번 이야기해 볼까?

동동이 동물원은 꼭 있어야 한다고 생각합니다. 물론 동물원에 있는 동물들이 불쌍할 수는 있지만, 선생님 말씀처럼 멸종 위기 동물들을 돌봐 주기도 하니까요. 그리고 제가 서울에서 가 본 동물원에서는 동물들 박제를 해 두어서 공부도 할 수 있었어요.

하늘이 저는 동물원이 무조건 필요 없다고 생각했는데 선생님과 동동이의 말을 듣고 보니 동물들이 자유롭게 뛰어놀 수 있는 큰 동물원이라면 좋을 것 같습니다.

열정쌤 두 친구 모두 각자 자기만의 의견을 말해 주었는데 누구의 생각이 무조건 맞고 누구는 틀리다고 볼 수는 없어요. 대신 자기 생각을 이야기할 때는 왜 그렇게 생각하는지를 꼭 이야기해 주어야 해요. 그리고 구체적인 근거를 함께 이야기하면 더욱더 좋습니다. 오늘 토론 때 자기 생각을 잘 이야기해 줘서 선생님이 참 고마웠어요.

동동이 토론 재미있었어요. 다음에 또 해요, 쌤!

💡 이렇게 지도해 보세요

　토론은 자신의 의견을 타인에게 전달하거나 타인의 의견을 듣고 판단할 수 있는 능력을 기를 수 있는 효과적인 방법입니다. 따라서 특수교육대상학생들도 토론을 꾸준히 한다면 타인과의 협업능력, 의사소통능력, 문제해결능력 등을 키울 수 있습니다.

　토론할 때는 토론의 주제는 학생들의 학습 수준이나 흥미, 경험과 관계가 있어야 합니다. 학생들이 규칙을 지키는 것도 중요합니다. 하지만 특수교육대상학생들에게 무엇보다 중요한 것은 논쟁이 되는 주제가 있을 때 찬성이나 반대를 선택하여 자기 생각을 분명하게 이야기하고 그 생각에 대한 근거, 이유 등을 함께 이야기해 보도록 지도하는 것입니다.

찬성과 반대 토론 주제 예시
- 관광지에 케이블카를 설치하기
- 학교에서 핸드폰 사용하기
- 도시에 더 많은 CCTV 설치하기

　학생들이 단순히 자기주장만을 이야기하는 습관에서 벗어나 자기 생각을 논리적으로 표현하는 연습을 꾸준하게 하는 것이 중요합니다. 혹은 학생들이 토론을 어려워한다면 우선 특정 상황이나 주제가 주어졌을 때 자신이 선호하는 것을 선택하게 하고 선택의 이유를 말해 보도록 해 보세요. 이러한 활동은 더 나은 토론을 위한 훌륭한 연습이 됩니다.

나만의 의견 개진 토론 주제 예시

- 외계인은 과연 존재할까?
- 게임을 많이 하면 공부에 방해가 되거나 머리가 나빠질까요?
- 책을 읽는 것과 듣는 것 중 어느 것이 더 좋나요?
- 전기차가 좋을까요? 석유로 가는 차가 좋을까요?
- 토마토는 야채일까? 과일일까?
- 학생은 교복을 꼭 입어야 할까요?
- 비닐봉지는 사용을 금지해야 할까요?
- 햄버거는 나쁜 음식일까요?
- 돈을 많이 벌면 행복할까요?

함께하면 더 좋은 의사소통 활동

- **제목**   토론 빙고
- **준비물**   3×3 활동판(카드 9장, 예시 참조)
- **활동 방법**

① 종이에 가로 3칸 세로 3칸으로 된 활동판을 만들어 학생들에게 제시한다. 상황에 따라 활동판은 PPT나 한글 파일로 만들어 전체 화면으로 제시해도 된다.

② 학생을 2개 모둠으로 나누고 처음에 가위바위보를 해서 이긴 팀은 활동판을 1개 고른다.

③ 활동판을 뒤집으면 토론 주제가 나와 있으며 각 팀에서는 토론 주제에 서로 이야기해 보고 모둠을 대표하는 생각과 이유, 근거를 정리해서 발표한다(3분).

④ 각 모둠별로 토론 주제에 대한 의견을 발표하고 교사는 의견 발표 논리적으로 조금 더 잘한 모둠을 선정한다.

⑤ 이긴 모둠은 해당 활동판 위에 자신의 모둠을 상징하는 그림[2]을 그릴 수 있다. 이런 식으로 계속 진행하여 가로, 세로, 대각선으로 가장 먼저 1개의 선을 잇는 팀이 승리하게 된다.

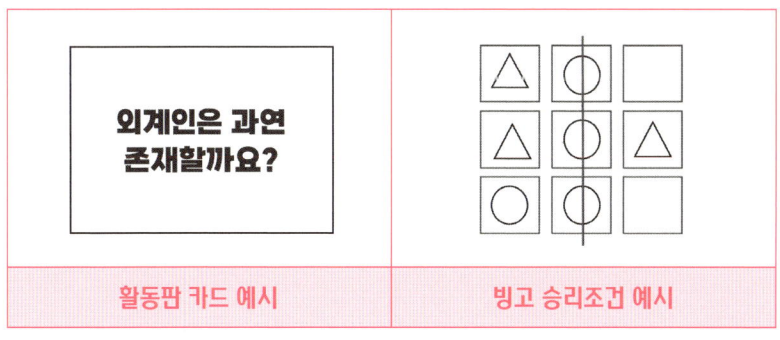